깨달음의 노래
증도가 언기주
證道歌 彥琪註

불광선문총서_10

깨달음의 노래
증도가 언기주

證道歌
彥琪註

제월통광 현토역주

불광출판사

역자 서(序)

　증도가(證道歌)는 산이 다하고 물이 다한 곳에 버들은 푸르고 꽃은 붉게 핀 경지를 노래한 것이다. 본분(本分)자리는 본래 청정하여 미오(迷悟)가 없거니 수증(修證)이 어찌 있겠는가? 그러나 무명(無明)이 곧 불성(佛性)이고 환신(幻身)이 바로 법신(法身)인 줄 확연히 깨달아 증득하지 못했다면 불조(佛祖)의 방편문을 의지하지 않을 수 없는 것이다.
　그러므로 부처님의 요의교(了義敎)나 본분종사의 가르침에 의지해 여실히 참구하여 근본무명(根本無明)의 미세망념까지 완전히 끊어 구경각(究竟覺)을 성취할 때 진여묘용(眞如妙用)이 현현자재(顯現自在)하게 되는 것이다. 이런 까닭에 무문 혜개(無門慧開) 선사가 말씀하기를 "참선은 반드시 조사관을 투과해야 하고, 묘오(妙悟)는 마음의 길이 끊어지는 데까지 궁구하여야 한다."라고 하셨다.
　본분사(本分事)를 밝히는 데 영가 스님의 미묘한 법문이 많은 도움이 되리라 생각되어 산승이 쌍계사 강원에서 『증도가』를 강의하는 여가에 『증도가』와 언기주를 현토 역주(懸吐譯註)하게 되었다.

『증도가』의 주석서에 여러 가지가 있으나, 언기(彦琪) 스님의 주석이 문장이 화려하면서 쉽고, 선리(禪理)로나 교리(敎理)로나 설명이 체계적으로 잘 되어 있어 마음에 부합되었다.

현토 역주는 널리 알려져 있는 『만속장경(卍續藏經)』의 『증도가 언기주』를 대본으로 하였으나 번역하는 과정에 뜻이 통하지 않는 글자가 많아서 『선종전서(禪宗全書)』의 『증도가 언기주』를 참고하였다. 나름대로 영가 스님과 언기 스님의 뜻에 어긋나지 않게 번역하려고 노력하였으나 혹여 잘못된 곳이 있을까 염려된다. 눈 밝은 이의 질정(叱正)을 바라는 바이다. 이 책을 간행하기까지 도움을 주신 분들이 많았다. 모든 인연에 진심으로 감사드린다.

擲筆作金聲	붓을 던지니 금성(金聲)을 지어
妙音徧十方	묘음이 시방에 두루하네
見聞皆證道	보고 듣는 이 모두 도를 증득하여
歡喜歌無生	기쁨에 넘쳐 무생(無生)을 노래하리.

불기(佛紀) 2552년(서기 2008년) 염하(炎夏)에
쌍계사 적묵당(寂默堂)에서
제월 통광(霽月通光) 근지(勤識)

해 제

I. 『증도가』의 저자 영가 현각 대사

『증도가』는 당나라 승려 영가 현각(永嘉玄覺, 665~713) 스님이 증도한 경지를 1,814자 267구로 읊은 노래다. 영가 스님의 법호는 현각(玄覺), 법명은 도명(道明), 속성은 대씨(戴氏)이며, 시호(諡號)는 무상(無相), 탑호(塔號)는 정광(淨光)이다. 절강성(浙江省) 온주부(溫州府) 영가현(永嘉縣)에서 살았으므로 법명을 영가(永嘉)라 했다.

영가 스님은 어린 시절에 출가하여 천태종 제7조 천궁 혜위(天宮慧威) 선사로부터 천태의 교의와 지관을 익혔고, 『열반경』을 보다가 큰 깨달음을 얻었다. 그 후 육조 혜능(638~713) 스님의 제자 현책(玄策) 선사의 권유로 육조 스님을 찾아뵙고 인가를 받았는데, 그 장면은 다음과 같이 기록되어 있다.

대사께서 그 곳에 도착하던 날, 때마침 육조 스님께서 앉아계셨다. 대사께서 육조 스님의 선상(禪床)을 세 바퀴 돌고 석장을 들어 한 번 내려치고 우뚝 섰다. 육조 스님이 말씀하시기를,

"승려란 삼천 가지 위의(威儀)와 팔만 가지 세행(細行)을 갖추어야 모든 행실에 잘못이 없는 법인데, 대덕(大德)은 어디에서 왔기에 이처럼 큰 아만심을 내는가."

"생사의 일이 크고 무상(無常)이 빠릅니다."

"어찌하여 생사가 없음을 체달하지 않으며, 신속함이 없음을 요달하지 않는가?"

"체달〔體〕하니 곧 생사가 없고, 요달하니 본래 빠름이 없습니다."

"그렇다, 그렇다." 하셨다.

　잠시 후에 절을 올리고 떠나가려고 하자, 육조 스님께서 말씀하셨다.

"너무 빠르지 않은가."

"본래 움직이는 것이 아닌데, 어찌 빠름이 있겠습니까?"

"누가 움직이지 않은 것을 아는가."

"스님께서 스스로 분별을 내십니다."

"그대는 무생의 뜻을 크게 얻었도다."

"무생이 어찌 뜻이 있겠습니까?"

"만일 뜻이 없다면 누가 분별을 내겠는가."

"분별도 역시 뜻이 아닙니다."

"훌륭하고 훌륭하다."

이와 같이 영가 스님은 육조 스님으로부터 "그렇다, 그렇다." "그대는 무생의 뜻을 크게 얻었도다." "훌륭하고 훌륭하다."라고 하는 세 번에 걸친 인가를 받았다. 그 후 곧바로 떠나겠다고 말씀드리니 조사께서 하룻밤이라도 머무르라고 만류한 까닭에 법호를 일숙각(一宿覺)이라 하였다.
　위에서 살펴본 바와 같이 영가 스님은 처음에는 천태의 교의와 지관을 익혔고, 『열반경』 등의 경전에 바탕하여 깨달음을 얻었으며, 육조 스님을 친견하여 구경의 증오(證悟)를 인가받았다. 영가 스님은 49세 되던 713년(先天 2) 10월 17일에 열반에 들었다. 저술에 『증도가』와 『영가집』이 있다.

Ⅱ. 『증도가』의 체제

　『증도가』의 문학 형식은 악부(樂府)의 장편 가행체(歌行體)이다. 명나라 서사증(徐師曾)의 『시체명변(詩體明辯)』에 의하면 가(歌)는 "감정을 발산하여 가사를 길게 뽑아 이것저것 일정한 것이 없이 뒤섞어 놓은 것(放情長言 雜而無方者曰歌)"이다. 영가 스님은 이백(701~762), 두보(712~770)보다 조금 이전의 사람으로, 근체(近體) 율시(律詩)가 가장 성행했던 성당(盛唐) 시대에 살았다. 따라서 『증도가』가 운문으로 된 것은 자연스런 시대 현상의 하나이기도 하다.

『증도가』는 일설에는 267구(句) 134연(聯)이라 하기도 하고, 또는 266구 133연이라 하기도 한다. 이는 첫머리의 "군불견(君不見)" 세 자를 한 구절로 보는가 보지 않는가에 따라 달라지는 것이다. 『증도가』는 운문문학(韻文文學)이므로, 반드시 운자와 대구(對句)가 있어야 한다. 이런 형식면에서 살펴보면 "君不見" 세 자는 운자를 찾아볼 수 없고, 그에 대칭되는 구절 또한 없다. 그러므로 이를 하나의 구절로 보기에는 문제가 없지 않다.

"君不見"이라는 구절은 고시(古詩)에서 흔히 찾아볼 수 있는 구절이다. 그 예를 살펴보기로 한다.

〈將進酒〉

君不見黃河之水天上來	그대는 보지 못했는가.
	황하의 강물이 하늘에서 내려와
奔流到海不復回	세차게 흘러 바다에 이르면
	다시 되돌아올 수 없음을.
君不見高堂明鏡悲白	그대는 보지 못했는가.
	고당의 거울 앞에 백발을 슬퍼함이여,
朝如靑絲暮成雪	아침엔 검푸른 실처럼,
	저녁엔 하얀 눈처럼 되는 것을.

이백의 시에서 이런 유(類)는 10여 군데가 있다. 이런 용법은

이백의 시에 그치지 않고, 시성(詩聖)으로 불리는 두보(杜甫)의 시에도 적지 않게 나타난다.

〈貧交行〉

君不見管鮑貧時交	그대는 보지 못했는가. 관중과 포숙아가 가난할 적 사귀던 것을.
此道今人棄如土.	이런 도리를 요즘 사람은 흙덩이 버리듯 한다.

이처럼 "君不見" 세 자는 고시에 적지 않게 인용되었을 뿐만 아니라, 승려의 시에서도 찾아볼 수 있다. 당나라 승려 습득(拾得)의 시는 다음과 같다.

君不見三界之中紛擾擾	그대는 보지 못했는가. 삼계 속에 어지러이 오가는 것은
只爲無明不自了	다만 무명으로 깨닫지 못했기 때문이다.
一念不生心路絶	한 생각 일어나지 않아 마음 길이 끊어지면
無去無來不生滅.	오고 감도, 생하고 멸함도 없으리.

이상에서 보는 바와 같이 문인의 시에서나 승려의 시에서나

"君不見" 세 자는 반문강조형의 시구(詩句)로 통용되어 왔음을 알 수 있다.

한 구로 볼 수 없는 다른 이유는 3·3의 6언(言) 구절이 있지만 단 세 글자로 된 자구는 찾아볼 수 없다는 점이다. 이런 면에서도 "君不見" 세 자는 하나의 구절을 형성할 수 없다.

그러나 『증도가』에서는 "君不見"의 '군(君)'을 일물(一物)의 개념, 즉 본래면목으로 인식하여 한 구절로 설정한 것이니, 이는 분명 고시(古詩)와는 다른 각도에서 해석한 것이다. 이에 따라 이 한 구절을 더함으로써 266구에서 267구가 된 것이다.

『증도가』 형식의 또 다른 특징은 3·3의 6언구(言句)가 기구(起句)에만 있고 문체는 대체로 대우(對偶)의 형식을 띠고 있는 것이다. 기구(起句)는 시작하는 첫 구절을 말한다. 바꿔 말하면 앞 구절에는 운자가 없고 뒤 구절에 운자가 있는데, 운자가 없는 첫 구절을 기구(起句)라 한다. 예컨대 다음과 같다.

證實相 無人法	실상을 증득함에 아(人)와 법(法)이 없음이여,
刹那滅却阿鼻業	찰나에 아비지옥의 업을 없애 버렸다.

이는 『증도가』에 처음 등장하는 3·3의 6언구이다. 이처럼 증(證)과 무(無), 실상(實相)과 인법(人法)이 대우(對偶)를 이루고 있다.

| 無罪福　無損益 | 죄와 복도 없고 손해와 이익도 없으니 |
| 寂滅性中莫問覓 | 적멸한 성품 가운데서 묻거나 찾지 말라. |

이 또한 위와 같은 대우 형식이다. 이처럼 3·3의 6언구는 첫 구절에서 대우를 형성하고 있다. 이는 장단구(長短句)의 고체(古體)임을 말해주는 것이다.

또한 『증도가』는 운문(韻文)이므로 이의 운자(韻字)는 고체시의 형식에 따라 격구환운(隔句換韻)이다. 격구(隔句)는 한 구절씩 건너뛰어 운자를 쓰는 것이며, 환운(換韻)이란 운자를 바꾸는 것이다. 따라서 『증도가』는 근체시(近體詩)와는 달리 형식에 얽매이지 않는 자유시이다. 예컨대 다음과 같다.

君不見	그대 보지 못했는가.
絶學無爲閒道人(眞韻)	배움을 끊고 함이 없는 한가한 도인은
不除妄想不求眞(眞韻)	망상도 없애지 않고 참됨도 구하지 않는다.
無明實性卽佛性	무명의 실성이 바로 불성이요,
幻化空身卽法身(眞韻)	허깨비 같은 공(空)한 몸이 곧 법신이로다.
法身覺了無一物	법신을 깨달으매 한 물건도 없음이여,
本源自性天眞佛(物韻)	본원 자성이 천진불이라

五陰浮雲空去來	오음의 뜬 구름, 부질없이 오가고
三毒水泡空出沒 (月韻)	삼독의 물거품, 헛되이 출몰하도다.
證實相無人法	실상을 증득함에 아(人)와 법(法)이 없음이여,
刹那滅却阿鼻業 (葉韻)	찰나에 아비지옥의 업을 없애 버렸다.
若將妄語誑衆生	만일 거짓말로 중생을 속인다면
自招拔舌塵沙劫 (葉韻)	진사겁 동안 발설지옥 스스로 부르리라.

위에서 보이는 바와 같이 운자는 '진(眞)' '월(月[物])' '엽(葉)'의 운(韻)으로 옮겨가는 것을 볼 수 있다. 이것이 격구환운(隔句換韻)이다. "絶學無爲閒道人"의 '인(人)'은 '진(眞)' 운에 속한다. 이는 시를 시작하는 첫 구절에서는 운자를 써도 되고 안 써도 되는 것이기에 여기에서는 예외이다. 한편 '월(月[物])'과 '물(物)'은 통운(通韻)이므로 호용(互用)될 수 있는 운자이다. 이처럼 『증도가』는 전통의 한시 체제에 따라 한 구절씩 건너뛰어 운자가 쓰였음을 알 수 있다.

이상에서 살펴본 바와 같이 『증도가』는 영가 스님이 살았던 성당(盛唐) 시대에 성행했던 운문 형식으로 증도의 내용을 읊어낸 광전절후(光前絶後)의 오도시(悟道詩)라 하겠다.

Ⅲ. 언기 주의 체제

『증도가』의 주석서는 영가 스님의 누이인 정거(淨居)의 주석서, 범천 언기(梵天彦琪) 스님의 주석서(1097), 송나라 묘공 지눌(妙空知訥) 스님의 주석서(1146), 송나라 남명 법천(南明法泉) 스님의 주석서(1248), 원나라 법혜 굉덕(法慧宏德) 선사가 찬(撰)하고 덕홍(德弘)이 편(編)한 주석서(1340) 등 여러 종류가 있다. 이 중 정거(淨居)의 주석서가 가장 오래되었다고 알려져 있으나, 중국이나 우리나라에서 간행된 주석서는 모두 범천 언기 스님의 주석서를 바탕으로 하고 있다.

언기 스님에 대해서는 송나라 승려라는 것 외에 다른 행적은 거의 찾아볼 수 없다. 다만 『증도가』의 주석으로 미루어 볼 때 언기 스님은 선지가 밝을 뿐 아니라 교학에도 해박하며, 특히 조사의 어록과 선시에 뛰어난 안목을 갖추고 있다. 이처럼 수승(殊勝)한 경지에 있으면서도 그 행적이 알려지지 않은 것은 회광도적(晦光韜迹)하고 고봉독숙(孤峰獨宿)한 선사(禪師)였기 때문이리라 사료된다.

언기 스님의 『증도가』 주석은 4언구와 변려체(騈儷體)로 되어 있고, 아울러 고덕(古德)의 명언(名言)과 경구(警句)가 인용되어 있다. 변려문은 남북조 시대의 화려한 문체로 고사의 인용과 대우의 형식을 갖춘 반문반운(半文半韻), 즉 산문과 운문이 조화를 이룬 문체이다.

변려체는 한유(韓愈, 768~824)와 유자후(柳子厚, 773~819)의 고문(古文) 부흥(復興) 이후, 일부 타격을 받기도 했지만, 지금까지도 상량문(上梁文) 등에 쓰이는 문체이다. 예컨대 "絶學無爲閒道人"에 대한 주석의 경우 다음과 같다.

絶 世間 之學　　　　　非 小乘 有爲
↕　↕　　　　　　　　↕　↕　↕
學 無爲 之學　　　　　入 大乘 無爲

目前 千差　　　　　　看 月色 以 逍遙
↕　↕　　　　　　　　↕　↕　↕　↕
心閑 一境　　　　　　聽 泉聲 而 自在

　이처럼 7언 고시(古詩)의 경문과 화려한 변려문의 주해가 서로 어울리고 있다. 또 4언구로 된 주석을 예시하면 다음과 같다.

小乘有爲　非究竟也　　소승의 유위는 궁극의 경지가 아니다.
學般若菩薩　與法冥合　　반야를 배우는 보살은 법과
　　　　　　　　　　　명합(冥合)하여
於一切法　應無所住　　일체 법에 응당 머무른 바 없고,
心無罣礙　得大自在　　마음에 걸린 것이 없어 대자재를 얻으니
作而無作　爲而無爲　　짓되 지음이 없고 하되 함이 없다.

언기 스님의 주석은 이처럼 4언과 변려문으로 주해를 붙임으로써 운문의 경문을 돋보여주고 있을 뿐 아니라, 그 종지를 천명함에 있어서도 명쾌함을 더하고 있다.

언기 스님의 주석에는 각종 경과 전(傳), 고덕(古德)의 명언(名言)과 경구(警句) 그리고 시를 35차례 인용했고, 그 가운데 게송은 11회에 걸쳐 인용했다. 이처럼 경문과 고덕의 말을 자주 인용했다는 것은 언기 스님이 수많은 스님의 의견을 참조한 집주(集註)의 형태로 저술했음을 의미한다.

영가 스님의 『증도가』와 언기 스님의 주석은 수어지교(水魚之交)와 침선지합(針線之合)처럼 상호 보완적이다. 언기 스님의 주가 없다면 영가 스님의 증도(證道)의 경지는 오히려 반감(半減)했을 것이며, 영가 스님의 『증도가』가 없다면 언기 스님의 종지(宗旨)와 견지(見地)는 그 어느 곳에 드러냈을지 의문이다. 영가 스님은 언기 스님의 주해에 의해 보다 돋보이게 되고, 언기 스님은 영가 스님의 『증도가』에 의해 그의 종지가 더욱 빛났다고 말할 수 있겠다.

Ⅳ. 「증도가」의 사상체계

『증도가 언기주』에서는 인연 따라 깨달음을 얻은 것을 증(證)이라 하고, 수많은 성인이 밟아나가는 것을 도(道)라 한다고 하였다. 영가 스님이 깨달은 증오(證悟)가 무엇인가에 대하여 언기 스님의 주석을 중심으로 살펴보겠다.

깨달음의 경지

언기 스님은 『증도가 언기주(註)』 서문에서 영가 스님의 깨달음의 내용은 '무생법인(無生法忍)'으로서, 바른 종지의 증득, 원만하게 법에 계합한 증득, 구경의 증득, 이로움을 베풀어 아래로 중생을 제도하는 증득, 도는 그 속성이 으레 그러한 증득, 요의의 증득이라고 했다. 증득은 증오(證悟)와 같은 말로 해오(解悟)가 아닌 진여본성(眞如本性)을 확철대오(廓徹大悟)한 구경각(究竟覺)을 말한다.

『증도가』 첫 구절에 보이는 "君不見" 세 자의 첫 자인 '군(君)'이 바로 진여본성을 가리키는 지시대명사이다. 언기 스님은 이 '군(君)'을 다음과 같이 설명했다.

'군(君 : 그대)'이라는 한 글자는 '가리켜 결정짓는 말' 〈즉 지시대명사〉이니, 이것〔君〕을 깨달으면 총지문(總持門)이 열리어 조사의 본래 면목을 친히 보게 되며, 백천 가지 삼매(三昧)와 한량없는 오묘한 뜻이 다 이곳에서 나온다.[1]

---

1) 『증도가(證道歌)』, "君不見"에 대한 언기 스님의 주해, "君之一字 指決之辭 於斯薦得 總持門開 親見祖師 本來面目 百千三昧 無量妙意 皆從此出."

이백과 두보, 그리고 습득의 시에서 말한 '君不見'의 '군(君)'은 제2인칭으로 쓰였으나, 여기에서의 '군(君)'은 지시대명사로, 본래면목의 근본자리를 가리킨다.

깨달음의 인가

『증도가 언기주』에서 언기 스님은 반드시 인가를 받은 것만이 증득이라고 말할 수 있다고 했다. 그것은 조사법맥(祖師法脈)의 친전(親傳)을 의미한 것이니, 부처와 부처가 주고 받고 조사와 조사가 서로 전하는 것(佛佛授受 祖祖相傳)을 말한다.

깨달은 바를 스승에게 인가를 받아야 비로소 깨달아 증득했다고 할 수 있다. 위음왕불 이전에는 〈인가를 받지 않아도〉 괜찮았지만, 위음왕불 이후에는 스승 없이 스스로 깨달은 것은 모두 천연외도(天然外道)에 속한다. 그러므로 25보살(大士)들은 증득한 원통(圓通)을 부처님께 인증 받았고, 선재(善財)는 53위(位)의 선지식을 친견하여 선지식에게 인증 받았으며, 인도와 중국의 여러 조사들은 서로 서로 인증하기에 이르렀으니, 이른바 부처와 부처가 서로 전수하고 조사와 조사가 서로 전수한 것이다.[2]

---

2) 『증도가(證道歌)』, 언기 스님의 주해. "卽有所證 須求師印可 方自得名爲證 自威音王佛 已前卽可 自威音王佛 已後 無師自悟 盡屬天然外道 是故 二十五大士 所證圓通 從佛 印證 善財 參五十三位知識 從知識印證 乃至西天此土 諸位祖師 遞相印證 所謂佛佛 授受 祖祖相傳也."

언기 스님은 "만일 세간의 문자로 깨달음을 얻은 문자법사(法師)와 크게 깨닫지 못한 암증선인은 불법(佛法)에 큰 걱정거리〔世間文字法師, 暗證禪人, 爲佛法大患〕"라고 말하였다. 만일 영가 스님도 『열반경』을 보다가 깨달음을 얻은 데 그치고 육조 스님을 친견하지 못했다면 문자법사(文字法師)와 암증선인(暗證禪人)을 면치 못했을 것이다.

이로 보면 영가 스님의 증도는 육조 스님을 친견함으로써 '군(君)'을 정등각하여 증오를 완성하게 된 것이라고 하겠다. 이러한 것을 불조(佛祖)의 상전법맥(相傳法脈)이라고 하는 것이다.

그러나 도인의 경지를 언어문자로써 논한다는 것은 마치 당하(堂下)에서 입실(入室)의 경지를 바라보는 것이나 뱁새가 붕조의 뜻을 헤아리려는 것과 다를 바 없다고 하겠다.

일러두기

1. 이 책은 영가 현각 대사의 『증도가』를 범천 언기(梵天彦琪) 선사가 주해한 『증도가 언기주』를 현토 역주한 것이다. 『증도가』는 당나라 때 편찬되었고, 『증도가 언기주』는 남송(南宋) 영종(寧宗) 가정(嘉定) 12년(1219)에 간행되었다.
2. 번역은 『만속장경(卍續藏經)』 소재(所載) 『증도가 언기주』를 대본(臺本)으로 하고 『선종전서(禪宗全書)』의 『증도가 언기주』를 참고하였다.
    * 향항불서출판공사(香港佛書出版公司)에서 편찬한 『만속장경』(臺灣 : 藏經書院)본은 제111책 선종 저술부(禪宗著述部)에 수록되어 있다.
    * 『선종전서』(台北 : 文殊文化有限公司, 중화민국 79년)는 감길부(藍吉富)가 주편(主編)한 것으로, 『증도가 언기주』는 잡집부(雜集部) 11에 수록되어 있다.
3. 원문에 현토하고 번역하여 원문과 번역문을 함께 참고하도록 했다.
4. 번역은 직역을 원칙으로 했다. 원문의 글자를 하나도 빠짐없이 번역하고, 될 수 있으면 원문에 없는 용어를 추가하지 않고자 했다.
5. 뜻이 통하지 않는 부분은 일부 의역하고 〈 〉에 넣어 뜻을 보충하였고, 한자와 한글의 발음이 일치하지 않을 경우 〔 〕로 표시하였다.

차 • 례

04 ·· 역자 서(序)

06 ·· 해제

20 ·· 일러두기

24 ·· 언기 화상 주 증도가 병서(并序)

27 ·· **증도가 언기주(證道歌 彦琪註)**

262 ·· 원전대조표

267 ·· 부록 | 역대불조 전법게(歷代佛祖 傳法偈)

증도가 언기주

證道歌 彥琪註

舒州梵天琪和尚 註證道歌 幷序

浮梁參學 慧光 錄

永嘉眞覺大師者는 乃祖席之英人也니 法諱는 玄覺이라 少而落彩하고 聰敏頗異하다 始者에 習天台智者敎觀하니 卽左溪同時也라 於是에 遍歷講肆하고 參尋知識이러니 忽一日에 因覽涅槃大經이라가 洞明法旨하고 卽往曹溪하니 六祖印可하다 祖歎其深證이어늘 卽時遽然告歸하니 祖少留一宿일새 故號爲一宿覺焉이라하다 則以所證法門으로 發言爲謌하야 以警未悟하다 師復預其冥感하니 卽時定中에 觀見字字 化作金色하야 滿虛空界라 自後로 天下叢林이 無不知也라 諸方老人이 或註或頌하고 以至梵僧이 傳歸印土하야 翻譯受持하니 若非深契佛心이면 其孰能與於此哉아 彦琪가 山居暇日에 因學者所問하야 故樂爲其說하고 許彼所錄이라 錄成에 直叙大略하야 題於卷首하노라 時 紹聖丁丑仲夏 十八日 列岫軒 書하노라

서주 범천 언기 화상 주 증도가 병서

부양참학 혜광 기록

　영가 진각 대사는 조사의 법석에 빼어난 인물이다. 법휘는 현각이다. 어린 나이에 삭발〔落彩〕하였으며 총명함과 영민함이 매우 남달랐다. 처음에는 천태 지자(天台智者)의 교관(敎觀)을 배웠으니, 곧 좌계 현랑(左溪玄朗, 673~754 : 천태종 제8조)과 동시대 인물이다. 이에 강원을 두루 거치고 선지식을 찾아다녔다.

　어느 날 『열반경』을 보다가 법의 종지를 밝게 깨치고 곧바로 조계로 찾아가니 육조께서 인가하셨다. 육조께서 그의 깊은 깨달음을 찬탄하였는데 곧바로 돌아가겠다고 말씀드리니 조사께서 하루 밤이라도 머물도록 만류한 까닭에 법호를 일숙각(一宿覺)이라 하였다.

　곧 〈대사께서〉 깨달아 증득한 법문(法門)을 노래로 만들어 깨닫지 못한 이들을 경책하였다. 대사께서는 또한 명감(冥感)을 예견하였으니, 바로 선정 중에 한 글자 한 글자가 금색으로 변하여 허공에 가득 차 있는 것을 보았다. 그 이후로 모든 총림에서 〈이 증도가를〉 모르는 사람이 없었다. 이에 제방의 노숙(老宿)들이 혹은 주(註)를 내고 혹은 송(頌)을 붙였고, 심지어는 범승이 전해 받아 인도로 돌아가 번역하여 수지(受持)하였으니, 만일 불심에 깊이 계합되지 않았다면 그 누가 이처럼 할 수 있었겠는가.

내[彦琪]가 산에 살 때, 여가에 학인들의 물음에 기꺼이 설명해 주었고, 그들이 기록한다고 하기에 허락하였다. 기록이 완성됨에 대략을 서술하여 책머리에 제(題)하노라.

때는 소성(紹聖, 1094~1098) 정축(丁丑, 1097) 5월[中夏] 18일, 열수헌(列岫軒)에서 쓰다.

증도가 언기주
證道歌 彦琪註

證道歌

從緣悟入之謂證이요 千聖履踐之謂道요 吟咏其道之謂歌라 故
曰 證道歌也니라 或人云 無修無證者는 乃諸散聖이니 助佛揚化
라 已於往昔證道하야 不復更證이라 譬如出礦黃金은 無復爲礦
이니 卽寶公 萬回 寒山 拾得 嵩頭陀 傅大士 等이 是也라 하니
라 卽有所證을 須求師印可라야 方自得名爲證이니 自威音王佛

已前엔 卽可어니와 自威音王佛 已後엔 無師自悟는 盡屬天然外
道라 是故로 二十五大士는 所證圓通을 從佛印證이며 善財는 參
五十三位知識하야 從知識印證이며 乃至西天此土에 諸位祖師
는 遞相印證이니 所謂佛佛授受하고 祖祖相傳也라 大師因看涅
槃大經悟入하고 往曹溪六祖印可할새 師到日値祖坐次에 遶禪
床三匝하고 振錫一下하야 卓然而立한대 祖曰 夫沙門者는 具三
千威儀와 八萬細行이라야 行行無虧어늘 大德은 從何方來완대
生大我慢가 師曰 生死事大하고 無常迅速이니다 祖曰 何不體取
無生이며 了無速乎아 師曰 體卽無生이요 了本無速이니다 祖曰
如是如是하다 須臾禮辭어늘 祖曰 返太速乎인저 師曰 本自非動
이어니 豈有速耶잇가 祖曰 誰知非動가 師曰 仁者 自生分別이니
다 祖曰 汝甚得無生意也로다 師曰 無生이 豈有意잇가 祖曰 若
無意면 誰生分別가 師曰 分別도 亦非意니다 祖 歎曰 善哉善哉
라 旣蒙印可하야 方得名爲證也니 實非諸位小乘과 天魔外道가
未得謂得이며 未證謂證이니라 古德云 世間文字法師와 暗證禪
人이 爲佛法大患이라하니 誠可哀哉인저 今所證者는 則異於是하
니 旣卽無生法忍也라 此之大定은 具足六法이니 一은 正宗非異
證이요 二는 圓契非空證이요 三은 究竟不異證이요 四는 設利下
濟證이요 五는 道由法爾證이요 六은 了義非偏證이라 故得名爲
證也니라 然雖如是나 猶涉義路分別하니 譬如有人이 撚空爲線
하야 欲其成就나 徒廢精神이라 若是本分衲僧인댄 腦後眼開이라
야 當自知矣리라

깨달음의 노래

인연 따라 깨달음을 얻은 것을 증(證)이라 하고, 수많은 성인들이 실천한 것을 도(道)라 하며, 그 도를 읊은 것을 노래〔歌〕라 한다. 그러므로 이것을 '증도가'라 하였다.

어떤 사람이 말하기를 "닦을 것도 없고 깨달을 것도 없는 사람은 바로 산성(散聖)이니, 〈그들은〉 부처님의 가르침 펼치는 것을 도왔다. 지난 세상〔往昔〕에서 이미 도를 증득하여 다시 더 증득할 것이 없〈는 이들이〉다. 비유하자면 광석에서 나온 황금은 다시 광석이 될 수 없는 것과 같으니, 보공(寶公)·만회(萬回)·한산(寒山)·습득(拾得)·숭두타(嵩頭陀)·부대사(傅大士, 497~569) 등이 바로 그러한 분들이다."라고 하였다.

깨달은 바를 스승에게 인가를 받아야 비로소 깨달아 증득했다고 할 수 있다. 위음왕불 이전에는 〈인가를 받지 않아도〉 괜찮았지만, 위음왕불 이후에는 스승 없이 스스로 깨달은 것은 모두 천연외도(天然外道)에 속한다. 그러므로 25보살〔大士〕들은 증득한 원통(圓通)을 부처님께 인증받았고, 선재(善財)는 53위(位)의 선지식을 친견하여 선지식에게 인증 받았으며, 인도와 중국의 여러 조사들은 서로 서로 인증하기에 이르렀으니, 이른바 부처와 부처가 서로 전수하고 조사와 조사가 서로 전수한 것이다.

영가 대사께서 『열반경』을 보다가 깨달음을 얻어 조계의 육조를 찾아가 인가를 받으려고 하였다. 대사께서 그곳에 도착하던

날, 때마침 육조께서 앉아계셨다. 대사께서 육조의 선상(禪床)을 세 바퀴 돌고 석장을 한 번 치고 우뚝 섰다.

육조께서 말하기를 "승려란 삼천 가지 위의와 팔만 가지 세행(細行)을 갖추어야 모든 행실에 잘못이 없는 법인데, 대덕(大德)은 어디에서 왔기에 이처럼 대아만심(大我慢心)을 내는가."라고 하니, 대사께서 "생사의 일이 크고 무상(無常)이 빠릅니다."라고 하였다. 육조께서 "어찌하여 생사가 없음을 체달하지 않으며, 신속함이 없음을 요달하지 않는가? 하니, 대사께서 "체달(體)하니 곧 생사가 없고, 요달하니 본래 빠름이 없습니다."라고 하였다. 육조께서 "그렇다 그렇다"라고 하였다.

잠시 후에 절을 올리고 떠나가려고 하자, 육조께서 "너무 빠르다."라고 하였다. 대사께서 "본래 스스로 움직이지 않는 것인데, 어찌 빠름이 있겠습니까?" 하니 육조께서 "누가 움직이지 않은 것을 아는가?" 하였다. 대사께서 "스님께서 스스로 분별을 내십니다." 하니, 육조께서 "그대는 무생의 뜻을 크게 얻었도다."라고 하였다. 대사께서 "무생이 어찌 뜻이 있겠습니까?"라고 하니 육조께서 "만일 뜻이 없다면 누가 분별을 내겠는가."라고 하였다. 대사께서 "분별도 역시 뜻이 아닙니다." 하니 육조께서 "훌륭하고 훌륭하다" 하고 감탄하였다.

〈이렇게〉 인가를 받고서 비로소 증득했다고 이름하게 되었으니, 실로 제위(諸位)의 소승(小乘)과 천마외도(天魔外道)들이 아직 얻지 못하고서 얻었다 하고, 깨닫지 못하고서 깨달았다고 하는

〈그런〉 것이 아니다. 옛 스님이 말하기를 "세간의 문자〈만을 아는〉 법사〔文字法師〕와 크게 깨치지 못한 참선인〔暗證禪人〕은 불법에 큰 걱정거리가 된다."라고 하였으니, 진실로 슬픈 일이다. 지금 영가 대사께서 증득한 바는 이와는 다른 것이니, 바로 무생법인이다. 이 큰 선정〔大定〕은 여섯 가지 법을 갖추고 있다. 첫째, 바른 종지의 증득이고 〈외도나 소승 등의〉 증득이 아니다. 둘째, 원만하게 계합한 증득이고 공허(空虛)하고 치우친 증득이 아니다. 셋째, 구경(究竟)의 증득이고 다른 증득이 아니다. 넷째, 이로움을 베풀어 아래로 중생을 제도하는 증득이다. 다섯째, 도는 그 속성〔法〕이 으레 그러함으로 인한 증득이다. 여섯째, 요의(了義)의 증득이고 치우친 증득이 아니다.

  이렇기 때문에 증득이라고 이름하게 되었다. 그러나 비록 그렇기는 하나 〈이것은〉 오히려 의로(義路)의 분별에 빠진 것이다. 비유하자면 어떤 사람이 허공을 꼬아 새끼를 만들려는 것과 같아서, 그것을 이루고자 하나 부질없이 정신만 황폐하게 하는 것과 같다. 만일 본분납승이라면 머리〔腦〕 뒤의 눈을 떠야만이 스스로 알게 될 것이다.

君不見가
그대 보지 못했는가

君之一字는 指決之辭니 於斯薦得이면 總持門開하야 親見祖師本來面目하며 百千三昧와 無量妙意가 皆從此出이리라 所以善財 參見衆藝童子하니 言我常唱此字母하야 入般若波羅蜜門이라하니 則知一字法門은 海墨書而不盡也어니와 於此不明이면 設使辭同炙煉하고 辯瀉懸河라도 翻被文字語言流浪하야 無有了期리라 日來月往에 翰墨雲興하고 歲久時長에 編卷山積이라도 空懷永歎하고 惆怅長嗟하야 心地法門에 遠之遠矣라 古德云 學道에 先須有悟由이니 還如爭鬪快龍舟라 雖然舊閣閑田地라도 一度嬴來方始休라하니 以此而推면 須有發明悟入이라사 始得이니라 故云 最初一句는 同道라야 方知니라

'군(君:그대)'이라는 한 글자는 '가리켜 결정짓는 말'〈즉 지시대명사〉이니, 이것[君]을 깨달으면 총지문(總持門)[1]이 열리어 조사의 본래 면목을 친히 보게 되며, 백천 가지 삼매(三昧)와 한량없는 오묘한 뜻이 다 이곳에서 나온다. 그러므로 선재동자가 중

---

1) 총지문(總持門): 온갖 것을 다 지니고 있는 법문. 총지(總持)는 다라니(dhāraṇī)의 한역.

예동자를 친견하고, 말하기를 "나는 항상 이 자모(字母)를 외워서 반야바라밀문에 들어갔다."라고 하였으니, 한 글자의 법문은 바다를 먹물로 삼아 써도 〈그 내용을〉 다 쓸 수 없다. 그러나 이것을 밝히지 못하면 설령 문장이 산적을 구워놓은 것처럼 맛있고, 논변이 강물을 거꾸로 쏟아놓는 것처럼 유창해도 도리어 문자와 언어의 물결에 휩쓸려 깨달을 기약이 없음을 알아야 한다. 날이 가고 달이 갈수록 문장이 구름처럼 일어나고 세월이 흐를수록 책이 산더미처럼 쌓일지라도 허전한 마음에 늘 탄식하고 실의에 빠져 길이 슬퍼하나니 마음의 법문에서 매우 멀어진다.

옛 스님이 말하기를 "도를 배울 적에는 반드시 먼저 깨닫게 된 연유가 있다. 그것은 마치 빠름을 다투는 쾌룡주(快龍舟)와 같다. 비록 그러나 오래된 집과 묵혀둔 밭이라도 한 번 손질을 하여야 바야흐로 쉴 수 있다."라고 하였다. 이로 미루어 보면, 반드시 발명(發明)하여 오입(悟入)하여야 비로소 그렇게 된다. 그러므로 최초일구(最初一句)는 도가 같아야 바야흐로 알게 되는 것이다.

絶學無爲閑道人은
배움을 끊고 함이 없는 한가한 도인은

絶學者는 絶世間之學하고 學無爲之學也라 世間之學은 非出離

故也라 無爲學者는 非小乘有爲요 入大乘無爲也니 小乘有爲는 非究竟也일새니라 學般若菩薩은 與法冥合하야 於一切法에 應無所住하고 心無罣礙하야 得大自在하니 作而無作이요 爲而無爲라 故云 絶學無爲也라하니라 閑道人者는 與道相應하야 不與塵勞拘繫라 故名爲閑이라하니 良由一切衆生은 從無始來로 以至今日히 背覺合塵하야 於諸前境 念念之中에 隨逐諸塵을 無有暫捨하니 何由出離리오 學道之人은 能轉萬物하고 不爲萬物所轉이라 目前千差에 心閑一境하고 水邊林下에 長養聖胎하며 看月色以逍遙하고 聽泉聲而自在라 故云 絶學無爲閑道人也라하니라

'배움을 끊는다'는 것은 세간의 학문을 끊고 함이 없는〔無爲〕학문을 배우는 것이다. 세간의 학문은 〈생사를〉 벗어난 것〔出離〕이 아니기 때문이다. '함이 없는 학문'이란 소승의 유위가 아닌 대승의 무위에 들어가는 것이니, 소승의 유위는 궁극의 경지가 아니기 때문이다. 반야를 배우는 보살은 법과 명합(冥合)하여 일체법에 응당 머무른 바 없고, 마음에 걸린 것이 없어 대자재를 얻으니, 짓되 지음이 없고 하되 함이 없다. 그러므로 "배움을 끊고 함이 없다."라고 하였다.

'한가한 도인'이란 도와 상응하여 번뇌〔塵勞〕에 얽매이지 않으므로 '한가하다'라고 이름하였다. 진실로 일체 중생들은 무시 이래(無始已來)로 오늘에 이르기까지 깨어있는 성품을 등지고 육진

경계에 합하여, 앞에 〈나타난〉 온갖 경계에 생각 생각 육진을 따라감을 잠시도 버림이 없으니, 어떻게 벗어날 수 있겠는가.

 도를 배우는 사람은 만물을 전변(轉變)하고, 만물에 전변되지 않는다. 눈 앞의 온갖 차별에 마음은 한 경계에 한가롭고, 물 가와 숲 밑에서 성태(聖胎)를 기르며, 달빛을 바라보며 노닐고, 시냇물 소리를 들으면서 자유롭게 지낸다. 이런 까닭에 "배움을 끊고 함이 없는 한가한 도인"이라고 하였다.

不除妄想不求眞이라
망상도 없애지 않고 참됨도 구하지 않는다

所言妄想者는 卽虛妄想念也라 良由一切衆生이 十二時中에 攀緣之心이 無有間斷하야 心은 如念水之龜하고 意는 似迎風之馬하야 未嘗停息이라 故名凡夫也니라 所言眞者는 卽一眞佛性也라 今此道人은 與法相應하야 不落凡聖二途며 亦乃簡異二乘也라 小乘之人은 厭離世間生死하고 樂求界外涅槃이어니와 學般若菩薩은 會萬法歸於自己라 故云 不除妄想不求眞也라하니라 故로 脩山主云 具足凡夫法이나 凡夫不知요 具足聖人法이나 聖人不會라 聖人若會면 卽是凡夫요 凡夫若知면 卽是聖人이라하니 此兩則語는 是一理二義라 傳云 若辨得이면 不妨於佛法中에

有箇入處어니와 若辨不得이면 莫道不疑라하니라

'망상'이란 곧 허망한 생각이다. 진실로 일체 중생은 온 종일 반연의 마음이 한 순간도 끊어짐이 없어, 마음은 물을 생각하는 거북이와 같고 의식은 바람을 맞이하는 말[馬]과 같아서 멈추어 쉼이 없다. 그러므로 '범부'라 이름하였다.

'진(眞)'이란 곧 하나인 참된 불성이다. 지금 이 도인은 법과 상응하여 범부와 성인의 두 길에 떨어지지 않았으며, 또한 이승(二乘)과는 다르다는 것을 간별한 것이다. 소승의 사람들은 세간의 생사를 싫어하여 벗어나려 하고 삼계 밖의 열반을 좋아하여 구하려 하지만, 반야를 배우는 보살은 만법을 모아 자기에게로 돌린다. 그러므로 "망상도 없애지 않고 참됨도 구하지 않는다."라고 하였다. 그러므로 수산주(脩山主)가 이르기를 "범부의 법을 구족하였으나 범부는 알지 못하고[不知], 성인의 법을 구족하였으나 성인은 알았다는 생각을 내지 않는다[不會]. 성인이 만일 알았다는 생각을 내면 곧 범부요, 범부가 만일 〈깨달아〉 알면 곧 성인이다."라고 하였다.

이 두 가지 법칙의 말은 한 이치[理]에 두 가지 뜻[義]이 있다. 전(傳)에 이르기를 "만일 이것을 변별해내면 불법 중에 깨쳐 들어가는 곳 있는 것이 방해롭지 않지만, 만일 변별해 내지 못하면 의심이 없다고 말하지 말라."라고 하였다.

無明實性卽佛性이요
무명의 실성이 바로 불성이요

無明者는 無般若大智之明也요 佛性者는 卽究竟淸淨覺性也라 從無始已來로 虛生浪死하야 不能出離는 皆因無明而流轉也라 故知無明이 卽煩惱根本也니 爲八萬四千塵勞之根이요 作十二因緣之首라 河沙煩惱가 由此而生하고 塵劫輪廻 以之不絶이라 非想定後에 還作狸身하고 無明坑中에 猶爲病行이라 古德云 疾如掣電이요 猛似狂風하야 瞥起塵勞는 速於瀑流之水요 欻成五欲은 急過旋轉之輪이라하니 是以로 結搆四魔하고 驅馳十使는 皆無明之使然也라 未了之人은 迷爲實事나 今此道人은 以般若智로 照了無明이 卽明하야 明見佛性일새 故曰 無明實性卽佛性也라하니라

'무명'이란 반야(般若)인 큰 지혜의 밝음이 없는 것이고, '불성'이란 궁극의 청정한 각성(覺性)이다. 무시 이래로 헛되이 태어났다가 헛되이 죽어 〈생사에서〉 벗어나지 못하는 것은 모두 무명으로 인하여 유전(流轉)하기 때문이다. 그러므로 무명이 곧 번뇌의 근본이니, 팔만 사천 번뇌〔塵勞〕의 뿌리가 되고 12인연의 첫머리임을 알겠다. 항하의 모래처럼 많은 번뇌가 이로 인하여 일

어나고, 영겁의 윤회가 이로써 끊어지지 않는다. 따라서 비상정(非想定: 非想非非想處定) 후에도 살쾡이의 몸을 받고, 무명의 구덩이 속에서 병든 행을 한다.

옛 스님이 말하기를 "빠르기는 번갯불이 치는 것 같고, 사납기는 미친 바람과 같으며, 갑자기 번뇌를 일으키는 것은 폭포수보다 빠르고, 문득 오욕을 이루는 것은 굴러가는 바퀴보다 더 급하다."라고 하였다. 그러므로 사마(四魔)[2]에 얽히고 십사번뇌[十使][3]에 끌려가는 것은 모두 무명이 그렇게 하게 하는 것이다. 깨닫지 못한 사람은 미혹하여 〈무명을〉 참다운 일로 삼지만, 지금 이 도인은 반야의 지혜로써 무명이 곧 지혜[明]임을 비추어 요달하여 불성을 밝게 보기 때문에 "무명의 실성이 바로 불성이다."라고 하였다.

幻化空身卽法身이로다
허깨비 같은 공(空)한 몸이 곧 법신이로다

---

[2] 사마(四魔): 중생을 괴롭히고 수행을 방해하는 온마(蘊魔)·번뇌마(煩惱魔)·사마(死魔)·천자마(天子魔).

[3] 십사(十使): 탐(貪)·진(瞋)·치(癡)·만(慢)·의(疑)·신견(身見)·변견(邊見)·사견(邪見)·견취견(見取見)·계금취견(戒禁取見).

旣了無明이 卽是佛性인댄 當知幻身이 卽是法身也라 所言法身
者는 敎有五分法身이니 一은 戒요 二는 定이요 三은 慧요 四는
解脫이요 五는 知見也라 傳曰 智冥眞境하야 盡法爲身이라하니
故曰 法身이라하니라 法은 以軌持爲義하고 身은 以積聚爲義하니
此之法身은 能軌生一切法故며 能遍攝一切法故也니라 達法之
人은 了父母緣生虛幻之身이 卽是金剛常住不壞之身이라 故曰
幻化空身卽法身也라하니라

이미 무명이 곧 불성인 줄 깨달았으면 마땅히 허깨비와 같은 몸이 곧 법신임을 알 것이다. 법신이라는 것은, 교학에 오분법신(五分法身)이 있으니 첫째는 계(戒) 법신이요, 둘째는 정(定) 법신이요, 셋째는 혜(慧) 법신이요, 넷째는 해탈(解脫) 법신이요, 다섯째는 지견(知見) 법신이다.

전(傳)에 이르기를 "지혜가 참된 경계[4]에 명합(冥合)하여 모든 법이 몸이 된다."라고 하였다. 그래서 법신이라고 하였다. 법은 궤지(軌持)로써 뜻[義]을 삼고 몸은 적취(積聚)로써 뜻을 삼으니, 이 법신이 궤도(軌度)가 되어 일체 법을 내기 때문이며, 능히 일체 법을 두루 총섭하기 때문이다. 법을 통달한 사람은 부모의 인연으로 태어난 허환(虛幻)한 몸이 곧 금강같이 영원히 머물러 무너지지 않는 몸임을 요달한다. 그러므로 "허깨비 같은 공한 몸이

---

4) 참된 경계: 열반의 이(理).

곧 법신이다."라고 하였다.

法身覺了無一物이여
本源自性天眞佛이라
법신을 깨달으매 한 물건도 없음이여
본원 자성이 천진불이라

以般若智로 照五蘊皆空하니 無有一物이며 無有邊表며 無有名字로되 強名法身也라 昔太原孚上座가 爲座主時에 因講維摩經이라가 至法身義러니 時에 勉道者 在座下聽이라가 乃問座主云 適來講者 是諸佛法身이어니와 那箇是座主法身가 座主云 法身이 豈有二耶아 道者云 如人說食은 終不濟飢라 欲了心源인댄 以悟爲則이니라 師云 某甲이 說法身義는 祗如此어니와 却請道者爲說하노라 道者云 且輟講三五日하고 於空室內에 靜坐하야 體取法身하소서 師一依所言하야 屛息諸緣하고 端居靜室이러니 早晨에 忽聞鼓角聲하고 瞥然大悟云 始知本來無物이라 泊合一生空過로다하니 故云 法身覺了無一物也라하니라 本源自性天眞佛者는 今若返本歸源이면 不假修證이니 始知本來成佛이라 行住坐臥와 觸目遇緣에 頭頭垂示하고 法法齊彰하야 無非佛事라 故로 法燈云 誰信天眞佛가 興悲幾萬般고 蓼花開古岸이요 白鷺

立沙灘이라 露滴庭莎長하고 雲收溪月寒이라 頭頭垂示處에 子細好生觀하라

반야의 지혜로써 오온이 모두 공함을 비춰보니, 한 물건도 없고, 가(邊)와 겉(表)이 없으며, 이름(名)도 자(字)도 없지만, 억지로 법신이라 이름하였다.

옛날에 태원부(太原孚) 상좌가 강주(座主)로 있을 때, 『유마경』[5]을 강론하다가 법신의 뜻에 대해 말하였다.

그 때 선객(勉道者)[6]이 그 자리에서 강론을 듣다가 강주에게 "조금 전에 강론한 것은 제불의 법신이거니와 어떤 것이 강주의 법신입니까?"라고 하니 강주가 "법신이 어찌 둘이 있겠습니까?"라고 했다.

선객이 "마치 어떤 사람이 음식 이야기를 하여도 마침내 주린 배를 채울 수 없는 것과 같습니다. 마음의 근원을 요달하고자 한다면 깨달음으로써 법칙을 삼아야 합니다."라고 하니, 강주(師: 太原孚인 座主)가 "내가 법신의 뜻을 말한 것은 이와 같을 뿐입니다. 청컨대 선객께서 나를 위해 말씀해 주십시오."라고 했다.

선객이 "3일~5일 동안 강론을 그만두고 빈 방안에서 고요히 앉아 법신을 체달하십시오."라고 했다.

---

5) 『선문촬요』 제18장 「보장록」 제2절 제3칙 聞鼓聲契悟에는 『열반경』으로 되어 있다.
6) 『선문촬요』 제18장 「보장록」 제2절 제3칙 聞鼓聲契悟에는 '勉道者'가 '禪者'로 되어 있다.

강주스님은 선객이 말한 대로 모든 인연을 끊고서 고요한 방에 단정히 앉아 있었다. 어느 날 이른 아침에 홀연히 북과 뿔나발〔角〕소리를 듣고서 문득 크게 깨치고서 말하기를 "본래 한 물건도 없는 줄을 비로소 알았노라. 하마터면 일생을 헛되이 보낼 뻔했도다."라고 하였다. 그러므로 "법신을 깨달으매 한 물건도 없음이여."라고 하였다.

'본원 자성이 천진불'이라는 것은 이제 근원으로 돌아가면 닦아 증득함을 필요로 하지 않으니, 비로소 본래 성불임을 알 수 있다는 것이다. 가고〔行〕머무르고〔住〕앉고〔坐〕눕는〔臥〕것과 눈에 보이는 것과 인연을 만나는 것 하나하나가 설법〔垂示〕하고, 온갖 법이 동시〔齊〕에 나타나서 불사(佛事) 아닌 것이 없다. 그러므로 법등이 다음과 같이 말하였다.

誰信天眞佛	누가 천진불을 믿는가
興悲幾萬般	기쁨과 슬픔이 몇 만 가지런가.
蓼花開古岸	여뀌 꽃 옛 언덕에 피고
白鷺立沙灘	백로는 모래여울에 서있네.
露滴庭莎長	이슬방울에 뜰 풀잎 자라나고
雲收溪月寒	구름 걷히니 시냇가 달빛 차가워라.
頭頭垂示處	두두물물 설법하는 곳에
子細好生觀	자세히 관찰해 보아라.

五陰浮雲空去來요
三毒水泡虛出沒이로다
오음의 뜬 구름, 부질없이 오가고
삼독의 물거품, 헛되이 출몰하도다

學法之人은 了五陰不實이 猶如浮雲하고 知三毒虛幻이 還同水泡니라 所言五陰者는 一은 色이요 二는 受요 三은 想이요 四는 行이요 五는 識也라 色은 以窒礙爲義요 受는 以領納爲義요 想은 以想像爲義요 行은 以遷流爲義요 識은 以分別爲義라 了五陰이면 卽人空也라 所言三毒者는 一은 貪이요 二는 瞋이며 三은 癡也라 於順境에 卽起貪心하고 於逆境에 卽起瞋心하며 以無智故로 容受니 則是癡也라 了此면 則是法空也라 五陰은 旣如太虛浮雲하야 空自去來하고 三毒은 還如水上之泡하야 虛然出沒이라 洛浦云 祇知泡向水中出이어니 豈知水亦從漚生가 權將漚水類余身이여 五蘊虛攢假立名이라 達解蘊空漚不實이라야 方能明見本來眞이라하니 若未達此인댄 則生死海中에 虛出沒也리라

법을 배우는 사람은 오음의 실답지 않음이 뜬구름과 같은 줄 깨닫고, 삼독의 허환(虛幻)함이 또한 물거품과 같은 줄 알아야 한다. '오음'이란 첫째는 색(色), 둘째는 수(受), 셋째는 상(想), 넷째는

행(行), 다섯째는 식(識)이다.

색은 장애하는 것으로 뜻을 삼고, 수는 받아들임으로 뜻을 삼고, 상은 상상(想像)하는 것으로 뜻을 삼고, 행은 천류(遷流)하는 것으로 뜻을 삼고, 식은 분별하는 것으로 뜻을 삼는다. 오음을 요달하면 곧 아공〔人空〕이다.

'삼독'이란 첫째는 탐함, 둘째는 성냄, 셋째는 어리석음이다. 순경(順境)에는 곧 탐내는 마음을 일으키고, 역경(逆境)에는 곧 화내는 마음을 일으키며, 지혜가 없기 때문에 이것을 받아들이니, 어리석은 것이다. 이것을 요달하면 곧 법공이다.

오음은 허공의 뜬구름과 같아서 부질없이 스스로 오가고, 삼독 또한 물 위의 거품과 같아서 쓸데없이 생겼다 사라졌다 한다. 낙포(洛浦)가 다음과 같이 말하였다.

祗知泡向水中出　다만 물거품이 물에서 나온 줄만 아니
豈知水亦從漚生　물 또한 거품에서 나온 줄 어찌 알겠는가.
權將漚水類余身　임시로 거품과 물을 가져 나의 몸에 비유함이여
五蘊虛攢假立名　오온을 헛되이 쌓아 거짓 이름 세웠네.
達解蘊空漚不實　오온이 공하고 물거품 진실치 않음 알아야
方能明見本來眞　바야흐로 본래의 참 성품 밝게 보리라.

만일 이것을 깨닫지 못하면 생사의 바다에 부질없이 나고 들고 할 것이다.

證實相 無人法이여
刹那滅却阿鼻業이라
실상을 증득함에 아(人)와 법(法)이 없음이여
찰나에 아비지옥의 업을 없애 버렸다

無相之相일새 故名實相이라 證此實相이면 卽無人法二空也니 以刹那至速頃에 能滅多劫重罪也니라 所言刹那者는 譬如力士 斷藕絲頃이니 不取方便하고 唯取斷時하야 謂之刹那也라 一刹 那中에 具九百生滅이 乃至速之頃也라 所言阿鼻者는 卽梵語也 라 此云無間이니 卽極重地獄也라 在七金山下하니 所謂唬唬嘍 嚯嚯嘍 等이니 卽八寒八熱이 是也라 於諸地獄極重極苦에 其中 受罪 無有間斷也라 今與法相應하니 善惡諸相이 自然寂滅이니 라 古德云 我尙不可得이어든 非我何可得이리오하니 故云 刹那 滅却阿鼻業也라하니라

형상 없는 형상이기 때문에 실상이라 이름하였다. 이 실상을 증 득하면 아(人)와 법(法)이 없는 두 가지 공(二空: 我空·法空)이니, 찰 나의 지극히 빠른 시간에 다겁의 무거운 죄를 없앨 수 있다.
　여기서 말하는 '찰나'는 비유하자면 힘센 장사가 연(藕) 뿌리의 실을 자르는 짧은 시간과 같다. 방편을 취하지 않고 오직 끊어지

는 때를 취하여 찰나라 한다. 한 찰나의 가운데 900의 생멸이 갖추어져 있는 것이 바로 지극히 빠른 시간이다.

여기서 말한 '아비'(阿鼻)는 산스크리트어다. 번역하면 무간(無間)이니 극한〈고통을〉받는 지옥이다. 칠금산(七金山) 아래에 있으니, 호호파(唬唬婆) 학학파(嚯嚯婆) 등인데, 곧 팔대지옥〔八寒八熱〕이 바로 그것이다.

모든 지옥에 지극히 무거운 죄와 지독한 고통이 있으며, 그 중에서 죄 받음이 끊임이 없다. 이제 법과 상응하였으니 선악의 모든 상이 자연히 적멸해 졌다.

옛 스님이 말하기를 "나도 오히려 얻을 수 없는데, 내가 아닌 것을 어떻게 얻을 수 있겠는가."라고 하였다. 그러므로 "찰나에 아비지옥의 업을 없애 버렸네."라고 하였다.

若將妄語誑眾生인댄
自招拔舌塵沙劫이로다
만일 거짓말로 중생을 속인다면
진사겁 동안 발설지옥 스스로 부르리라

此卽永嘉大悲願力으로 發此言也라 故知先聖恩重難報를 則可知矣리라 切恐末世衆生이 信根淺薄하야 向此門中에 退失道心

일새 設此重誓也니라 若我妄語로 欺誑汝 等이면 卽當自墮泥犁
地獄하야 拔舌犁耕하야 受其極苦를 非但一劫이라 乃至經塵沙
劫也라하니라 所言劫者는 梵語具足이면 應言劫波니 此翻時分이
라 劫亦多種이니 所謂芥子劫과 塵點劫과 拂石劫等이니 具如經
論所載어늘 今不言名號하고 而言塵沙者는 但言其多劫也라 大
師所說親證法門은 欲令一切衆生으로 見性成佛이니 豈有妄言
이리오 猶恐信之不及爾니라

  이것은 영가 대사께서 대비원력으로 하신 말씀이다. 그러므로 선성(先聖)의 은혜가 지중하여 보답하기 어려운 것임을 알 수 있다. 말세의 중생이 신근(信根)이 얕고 엷어 이 문중에 도심을 잃을까 매우 걱정하였기 때문에 이처럼 극중(極重)한 맹세를 한 것이다. 〈즉〉"만일 내가 거짓말로 너희들을 속인다면 마땅히 스스로 이리지옥(泥犁地獄)에 떨어져 혀를 뽑아 〈보습을 만들어〉 밭을 가는 극중한 고통을 받는 것이 한 겁뿐 아니라 진사겁(塵沙劫)을 지내는 데 이를 것이다."라고 한 것이다.

  여기서 말한 '겁(劫)'은 산스크리트어인데, 갖추어 말하면 겁파(劫波)라 해야 한다. 번역하면 시분(時分)이다. 겁파도 여러 종류가 있으니, 이른바 개자겁(芥子劫)[7]·진점겁(塵點劫)[8]·불석겁(拂石

---

[7] 개자겁: 사방 일유순 되는 큰 성에 개자씨를 가득 채워 놓고 백 년에 한 알씩을 꺼내어 그것이 다 없어질 때까지의 시간.
[8] 진점겁: 삼천대천세계의 땅을 모두 갈아서 가루로 만들어 동쪽으로 가면서 천 나라를

劫)⁹⁾ 등이다. 자세한 것은 경론에 실려 있는 것과 같다. 여기에서 이름을 말하지 않고 진사(塵沙)라고 말한 것은 다만 다겁(多劫)만 말한 것이다. 영가 대사께서 말한 친증법문(親證法門)은 일체 중생으로 하여금 견성성불케 하고자 함이니, 어찌 거짓말이 있겠는가. 오히려 믿음이 미치지 못할까 두렵다.

頓覺了如來禪이여
六度萬行體中圓이라
여래선을 단박에 깨달음이여
육도와 만행이 본체 가운데 원만하다

非漸次而知라 故云 頓覺也라하니라 如來禪者는 簡異四種禪那니 一은 菩薩이니 唯識禪이요 二는 聲聞이니 偏空禪이요 三은 人天이니 因果禪이요 四는 外道이니 異計禪이라 今此定門은 卽是 世尊이 靈山會上에 以靑蓮目으로 瞬視迦葉하시니 迦葉微笑라 吾有正法眼藏이어늘 分付摩訶大迦葉하노라하시니 迦葉付阿難하고 阿難付商那和修하야 乃至二十八祖하니 菩提達磨 西來東

지나 가루 하나를 떨어뜨려 그 가루가 다했을 때를 일 겁이라 한다.
9) 불석겁: 사방 40리의 큰 돌을 100년 만에 한 번씩 얇은 천의(天衣)로 스치고 지나가 마침내 그 돌이 다 닳아 없어질 때까지의 시간.

土하야 展轉至曹溪六祖라 自後로 燈燈續燄하고 祖祖聯芳하야 已至如今히 兩手分付하니 且道하라 有分付아 無分付아 若是本 分衲僧인댄 自知落處리라 總謂之六度요 別謂之萬行이라 此之 行門은 皆在一念之中하야 本來圓滿也라 所言六度者는 謂布施 와 持戒와 忍辱과 精進과 禪定과 智慧也라 皆言度者는 何也오 爲各有對治일새 故言度也라 布施는 度慳貪하고 持戒는 度毀犯 하고 忍辱은 度瞋恚하고 精進은 度懈怠하고 禪定은 度昏散하고 智慧는 度愚癡라 故云 六度也라 此之度門은 今非諸小乘의 分 修六度와 權位菩薩이 兼修六度이니 乃於一念之中에 圓修六度 라 故云 體中圓也라하니라

점점 차례대로 아는 것이 아니므로 '단박에 깨달음이여'라고 하였다. '여래선'이란 네 가지 선나(禪那)와는 다르다는 것을 간별한 것이다. 〈네 가지 선나는〉 첫째 보살 선나니 유식선(唯識禪)이요, 둘째 성문 선나니 공에 치우친 선〔偏空禪〕이요, 셋째 인천 선나니 인과선(因果禪)이요, 넷째 외도의 선나니 이계선(異計禪)이다.

지금 이 선정문〔定門〕에서는, 세존이 영산회상에서 눈〔靑蓮目〕을 깜박하여 가섭에게 보이시니, 가섭이 미소를 짓자 〈세존께서 말씀하시기를〉 "나에게 정법안장이 있는데, 마하대가섭에게 분부하노라." 하셨다. 가섭은 아난에게 분부하고, 아난은 상나화수(商那和修)에게 분부하여 28조인 〈보리달마에〉 이르렀다.

보리달마가 인도에서 중국〔東土〕으로 와 전전히 분부하여 조계

(曹溪) 육조(六祖)에 이르게 되었다. 그 뒤로부터 법등과 법등은 〈지혜의〉 불꽃을 이었고, 조사와 조사는 아름다움을 이어 이미 지금에 이르기까지 두 손으로써 분부하여 주었다. 자! 일러 보아라. 분부함이 있는가, 분부함이 없는가. 만일 본분납승이라면 스스로 낙처(落處)를 알 것이다. 총체적으로 말하면 육도(六度)이고, 구별하여 말하면 만행이다. 이 행문(行門)은 모두 한 생각 가운데 있어 본래 원만하다.

'육도'란 보시・지계・인욕・정진・선정・지혜이다. 이것을 모두 도(度)라 말한 것은 무엇 때문인가. 각기 대치(對治)가 있기 때문에 도(度)라 한다. 보시는 간탐(慳貪)을 제도하고, 지계는 훼범(毁犯)을 제도하고, 인욕은 성냄[瞋恚]을 제도하고, 정진은 게으름[懈怠]을 제도하고, 선정은 혼산(昏散)을 제도하고, 지혜는 어리석음을 제도한다. 그러므로 육바라밀[六度]이라 한다.

이 육도의 문은 오늘날 모든 소승의 나누어서 닦는 육도[分修六度]와 권위(權位) 보살[10]들이 겸해서 닦는 육도[兼修六度]가 아니니, 곧 일념 중에 원만히 닦는 육도[六度]이다. 그러므로 "본체 가운데 원만하다."라고 하였다.

---

10) 권위(權位) 보살: 방편으로 화현한 보살. 즉 문수보살, 보현보살 등을 말한다.

夢裏明明有六趣러니
覺後空空無大千이로다
꿈 속엔 밝고 밝게 육취가 있더니
꿈 깬 뒤엔 비고 비어 대천세계도 없도다

迷時三界有로되 悟則十方空일새 故云 夢裏明明有六趣러니 覺後空空無大千也라하니라 云六趣者는 一은 人이요 二는 天이요 三은 修羅요 四는 餓鬼요 五는 畜生이요 六은 地獄也니라 皆言趣者는 其故何也오 爲一切衆生이 一念迷妄으로 業識茫茫하야 隨其業力하야 自趣入於六道之中이요 非他人使然也라 古德云 貪瞋愛欲 滋潤苦芽하야 一向徇塵하고 不知返本也라하다 所言空空者는 謂都無實義故也라 無大千者는 卽丈六金身의 所化之境也니라 今與般若相應하니 豈止能空六趣衆生이리오 乃至三千大千世界의 所化之境도 亦無實義일새 故云 覺後空空無大千也라하니라

미혹할 때는 삼계가 있지만 깨달으면 시방이 공(空)하다. 그래서 "꿈속엔 밝고 밝게 육취가 있더니, 꿈 깬 뒤엔 비고 비어 대천세계도 없도다."라고 하였다.

'육취'[11]는 첫째 인간취, 둘째 천상취, 셋째 아수라취, 넷째 아

---

11) 육취(六趣): 육도(六道)라고도 한다. 미혹한 중생이 업인에 따라 나아가는 곳을 육처로 구분한 것이다

귀취, 다섯째 축생취, 여섯째 지옥취이다. 이것을 모두 '취(趣)'라 한 것은 무엇 때문인가. 일체 중생이 한 생각의 미망(迷妄)으로 업식이 아득하여 그 업력(業力)에 따라 스스로 육도에 들어가는 것이요, 다른 사람이 그렇게 시키는 것이 아니기 때문이다. 옛 스님이 말하기를 "탐냄과 성냄과 애욕이 고통의 싹을 적시어 불려 한결같이 육진을 따르고, 본원으로 돌아갈 줄 모른다."라고 하였다.

'비고 비었다'는 것은 도무지 실다운 뜻이 없는 것을 말한다. '대천세계도 없다'는 것은 〈대천 세계는〉 석가모니 부처님〔丈六金身〕께서 교화하는 영역인데, 이제 반야와 상응했거니, 어찌 능히 육취중생(六趣衆生)이 공한 데만 그치겠는가. 교화할 바 삼천대천세계까지도 실다움이 없는 것이다. 그러므로 "꿈 깬 뒤엔 비고 비어 대천세계도 없다."라고 하였다.

無罪福 無損益이여
寂滅性中莫問覓이어다
죄와 복도 없고 손해와 이익도 없으니
적멸한 성품 가운데서 묻거나 찾지 말라

若一念相應인댄 則無罪福損益等相也라 古德云 若人發心歸源[12]이면 十方世界悉消殞이라하니 況其罪福者乎아 旣達諸法性

空하야 寂滅性中엔 卽無我人衆生壽者等相이요 與般若無相法
門相應이면 則不在語言詮辨問難이라 故云 無罪福無損益 寂滅
性中莫問覓也라하니라

만일 일념이 상응하면 죄(罪)·복(福)·손해(損)·이익(益) 등의 상(相)이 없다. 옛 스님이 말하기를 "〈『능엄경』에〉 '만일 어느 사람이 진(眞)을 발하여 근원에 돌아가면 시방세계가 다 사라져 없어진다'고 하였는데, 하물며 그 죄와 복이겠는가."라고 하였다.

이미 모든 법의 성품이 공함을 깨달아 적멸한 성품 가운데는 아상(我相)·인상(人相)·중생상(衆生相)·수자상(壽者相)이 없고, 반야의 무상법문(無相法門)과 상응하였으니, 말로 해설하고 따져 묻는 데 있지 않다. 그러므로 "죄와 복도 없고 손해와 이익도 없으니 적멸한 성품 가운데서 묻거나 찾지 말라." 하였다.

比來塵鏡未曾磨일새
今日分明須剖析이로다
예전엔 때 낀 거울 갈지 못했기에
오늘에야 분명히 닦아 밝히노라

---

12) '發心歸源'이 『능엄경』에는 '發眞歸源'으로 되어 있다. 여기에서는 '眞'으로 해석했다.

一點靈光은 本來與十方諸佛로 無二無別언만은 良由一切衆生이 從無量劫來로 未嘗遭遇知識하야 發明見性이니 譬若塵土之鏡이 久翳昏暗하야 不能照物이라 今日旣遇知識하야 發明已見하고 拂去塵垢하니 本來光彩가 驀然透漏하야 照天照地라 所以로 先德云 心光騰輝하야 逈脫根塵하고 體露眞常하야 不拘文字라 心性無染하야 本自圓成이니 但離妄緣하면 卽如如佛이라 하니라

한 점의 신령한 빛은 본래 시방의 모든 부처님과 둘이 아니고 다르지 않건만은, 일체 중생이 무량겁으로부터 일찍이 선지식을 만나 지혜를 발해 견성하지 못했기 때문에 〈다르니〉, 비유하자면 티끌과 흙으로 덮인 거울이 오랫동안 가리어 어두워져 물건을 비출 수 없는 것과 같다. 오늘날 이미 선지식을 만나 지혜를 발해 이미 견성하고, 티끌과 때를 털어버리니, 본래의 광채가 갑자기 쏟아져 하늘과 땅을 비추게 되었다. 그러므로 옛 스님[13]이 다음과 같이 말하였다.

| 靈光騰曜[14] | 신령한 빛이 홀로 빛나 |
| 逈脫根塵 | 멀리 육근 육진 벗어났네. |

---

13) 중국 당나라 백장 선사(百丈禪師, 720~814)를 말함.
14) 『만속장경』본에는 '心光騰輝'로 되어 있지만, 백장 선사의 어록에는 '靈光獨曜'로 되어 있다. 여기에서는 '靈光獨曜'를 따랐다.

體露眞常	체성의 참되고 영원함 드러나
不拘文字	문자에 얽매이지 않네.
心性無染	심성은 물들지 않아
本自圓成	본래 스스로 원만히 이루어졌네.
但離妄緣	허망한 반연만 여의면
卽如如佛	곧바로 여여한 부처로다.

誰無念 誰無生고
若實無生無不生이라
누가 생각이 없으며 누가 남이 없는가
만일 진실로 남이 없으면 나지 않음도 없다

上句는 拈情이요 下句는 顯法이라 誰無念誰無生者는 卽是誰人無念이며 誰人無生也리오 人之心念生滅이 無有間斷이라 其生滅心이 如落車聚하야 不可勝數라 念念之間에 無有停息이 如燈焰焰하고 似水涓涓이라 行則心構十方하고 坐則意攀三世일새 故云 誰無念誰無生也니라 若實無生無不生者는 若實曉得無生之理면 則不染一切諸法生相이요 無妨萬法之生也라 脩山主云 萬法無生相이나 一年一度春이라하니 故云 若實無生無不生也라 하니라

윗 구절은 정(情)을 들어 말한 것이고, 아래 구절은 법(法)을 나타낸 것이다. '누가 생각이 없으며 누가 남이 없는가'라는 것은 곧 어느 사람이 생각이 없으며, 어느 사람이 남이 없겠는가라는 것이다. 사람의 생각[心念]이 생하고 멸하는 것이 〈계속하여〉 간단(間斷)이 없다. 그 생멸심은 악차취(落車聚)와 같아 이루 다 셀 수 없다. 생각 생각의 사이에 멈추고 쉼이 없는 것이 마치 등불에 불꽃과 불꽃이 이어지고, 물이 방울방울 흐르는 것과 같다. 걸어가면서도 마음은 시방(十方)을 구상하고, 앉아 있으면서도 뜻은 삼세(三世)를 반연한다. 그러므로 "누가 생각이 없으며 누가 남이 없는가."라고 하였다.

'진실로 남[生]이 없으면 나지 않음[不生]도 없다'라는 것은 만일 진실로 무생의 이치를 깨달으면 일체 모든 법의 나는 형상[生相]에 물들지[染汚] 않고, 만법이 남[生]을 방해하지 않는다는 것이다. 수산주(脩山主)가 다음과 같이 말하였다.

萬法無生相　　만법은 나는 형상[生相] 없으나
一年一度春　　일 년에 한 번 봄이 오네.

그러므로 "진실로 남이 없으면 나지 않음도 없다."라고 하였다.

喚取機關木人問하라
求佛施功早晚成가
기관목인[15]을 불러 물어 보라
부처 구하고 공 베푼들 어느 때 이룰 수 있겠는가

重爲譬出하야 令其易曉也라 上來因說覺後空空無大千 無罪福 無損益 寂滅性中莫問覓하야 永嘉 切恐後人이 隨語生解하야 作斷滅之見일새 故特此點竄也라 學般若菩薩은 須遇知識하야 發明己見하야 於有念中에 達其無念하고 於生滅中에 悟無生滅也니라 若謂一向無念無生으로 爲無生法忍인댄 譬如機關木人도 亦無心念이라 欲期成佛이나 無有是處니라 故云 早晚成也라하니라 早晚者는 卽江浙方言이니 猶何時可成也라

거듭 비유를 들어 그 이치를 쉽게 깨닫게 한 것이다. 윗 글의 "꿈 깬 뒤엔 비고 비어 대천 세계도 없다." "죄와 복도 없고 손해와 이익도 없으니 적멸한 성품 가운데서 묻거나 찾지 말라."라고 말함으로 인하여, 영가 대사께서 후인들이 그 말에 따라 지해(知解)를 내어 단멸(斷滅)의 견해를 지을까 매우 염려하였기 때문에

---

15) 기관목인(機關木人): 기관은 조종장치, 목인은 나무로 만든 사람. 즉 나무로 사람을 만들어놓고 그 속에서 사람이 조종하는 것이다.

특별히 여기에 고심하여〔點竄〕 그렇게 말한 것이다.

　반야를 배우는 보살은 반드시 선지식을 만나서 자기의 견해를 밝게 일으켜 유념(有念)에서 무념을 요달하고, 생멸에서 무생멸을 깨달아야 한다. 만일 한결같이 무념무생(無念無生)으로 무생법인을 삼는다면, 비유하자면 기관목인도 역시 마음과 생각이 없으므로 성불하고자 하나 될 수 없는 것과 같다. 그러므로 "어느 때 이룰 수 있겠는가?"라고 하였다. '조만(早晚)'이란 강절(江浙)¹⁶⁾ 지방의 방언이니, '어느 때 이룰 수 있겠는가'라는 말과 같다.

放四大 莫把捉하고
寂滅性中隨飮啄하라
사대를 놓아버려 붙잡지 말고
적멸한 성품 가운데서 〈인연〉따라 마시고 먹어라

四大者는 謂地水火風也라 從無始來로 捨身受身에 常爲四大拘繫하야 不得自在어늘 今了四大性空하니 於法自在라 在水全水하고 在火全火하며 在地全地라 故修山主云 地大不容水火風하니 一大旣爾四大同이라 四大未嘗不周遍하니 周遍何曾有混

---

16) 강절(江浙)은 절강(浙江)의 잘못으로 보인다.

融이리오 狀若千燈同一室이요 又如萬像一鏡中이라 四大異名無四性하니 界處根塵識不通이로다하니 若曉此旨라 故云 放四大也라하니라 所言莫把捉者는 旣了四大性空이어니 又向何處把捉이리오 故云 莫把捉也라하니라 寂滅性中隨飮啄者는 若了四大本空하고 五陰非有인댄 却好任意浮沉하고 隨緣飮啄이라 故裵度云 麤也湌이요 細也湌이라 莫向凡夫相上看하라 也無麤요 也無細여 上方香積無根帶로다하니 故云 寂滅性中隨飮啄也라 하니라

사대(四大)란 지(地)·수(水)·화(火)·풍(風)을 말한다. 무시이래로 몸을 버리고 몸을 받음에 항상 사대에 얽매여서 자재를 얻지 못했는데, 이제 사대의 성품이 공한 것을 요달하니 법에 자재하다. 물에 있어서는 온전히 물이고, 불에 있어서는 온전히 불이고, 땅에 있어서는 온전히 땅이다. 그러므로 수산주가 다음과 같이 말하였다.

地大不容水火風　지대는 수대·화대·풍대를 용납 않나니
一大旣爾四大同　일대가 이미 그러하듯이 사대도 그러하네.
四大未嘗不周遍　사대가 두루하지 않음이 없으니
周遍何曾有混融　두루한들 어찌 뒤섞임이 있으랴.
狀若千燈同一室　그 모습 천 개의 등불을 한 방 안에 켠 것과 같고
又如萬像一鏡中　또 만상(萬像)이 하나의 거울 속에 비친 것과 같네.

四大異名無四性　사대는 이름 다르나 네 가지 성품 없고
界處根塵識不通　계·처·근·진·식 통하지 않네.

〈수산주는〉이 뜻을 깨달은 듯하다. 그러므로 '사대를 놓아 버리라'고 하였다. '붙잡지 말라'고 한 것은 이미 사대의 성품이 공한 것을 요달하였는데, 또 어느 곳에서 붙잡을 수 있겠는가. 그래서 '붙잡지 말라'고 한 것이다.

'적멸한 성품 가운데서〈인연〉따라 마시고 먹어라'라는 것은 만일 사대가 본래 공하고 오음이 있지 않음을 요달했다면 마음대로 부침(浮沈)하고 인연 따라 마시고 먹으라는 것이다. 그리하여 배도(裵度)가 다음과 같이 말하였다.

麤也飡 細也飡　거칠어도 밥 부드러워도 밥
莫向凡夫相上看　범부의 상(相)에서 보지를 마라.
也無麤 也無細　거침도 없고 부드러움도 없음이여,
上方香積無根蔕　천상의 향적 세계엔 뿌리도 꼭지도 없네.

그러므로 "적멸한 성품 가운데서〈인연〉따라 마시고 먹어라."라고 하였다.

諸行無常一切空이니
卽是如來大圓覺이로다
모든 행이 무상하여 일체가 공하니
바로 이것이 여래의 대원각이로다

非唯四大之相本空이라 亦乃所作諸行이 盡皆空寂也니라 言諸行者는 非止一行이요 乃至種種萬行이 皆悉本來空寂이라 故經云 我今此身이 四大和合이라 所謂髮毛爪齒와 皮肉筋骨과 髓腦垢色은 皆歸於地하고 唾涕膿血과 津液涎沫과 痰淚精氣와 大小便利는 皆歸於水하며 暖氣歸火하고 動轉歸風이라 四大各離하면 今者妄身은 當在何處오하니 故云 諸行無常一切空也라하니라 卽是如來大圓覺者는 旣了諸法本來空寂에 卽與大圓覺性相應也라 但猶一切衆生이 日用而不知라 故裹相云 終日圓覺而未嘗圓覺者는 凡夫也요 欲證圓覺而未極圓覺者는 菩薩也요 具足圓覺而住持圓覺者는 如來也라하니 故云 卽是如來大圓覺也라하니라

사대의 형상이 본래 공할 뿐만 아니라, 또한 짓는 바 모든 행(行)이 모두 다 공적한 것이다. '모든 행(諸行)'이라 말한 것은 하나의 행에 그치는 것이 아니고, 곧 갖가지 만행에 이르는 것이

니, 모두 다 본래 공적(空寂)한 것이다.

그러므로 경[17]에서 이르기를 "나의 지금 이 몸은 사대(四大)가 화합한 것이다. 이른바 머리카락·털·손톱·치아·가죽·살·힘줄·뼈·골수·뇌·때 등은 모두 땅으로 돌아가고, 침·콧물·고름·피·진액·침·가래·눈물·정액·대변·소변은 모두 물로 돌아가고, 따뜻한 기운은 불로 돌아가고, 움직이는 것은 바람으로 돌아간다. 사대가 각각 떠나면 지금 이 허망한 몸은 어느 곳에 있을까?"라고 하였다. 그러므로 "모든 행이 무상하여 일체가 공하다."라고 하였다.

'바로 이것이 여래의 대원각이다'라는 것은 이미 모든 법이 본래 공적한 줄 요달한 것이니, 바로 '대원각성(大圓覺性)'과 상응하는 것이다. 다만 일체 중생들이 날로 쓰면서도 알지 못한다. 그러므로 배정승(裵相)이 말하기를 "종일토록 원각(圓覺 : 원만한 깨달음)에 있으면서도 잠깐도 원각하지 못하는 자는 범부요, 원각을 증득하고자 하나 원각을 지극히 하지 못한 자는 보살이요, 원각을 구족하여 원각에 머물러 가지는 이는 여래이다."라고 하였다.[18] 그러므로 "바로 이것이 여래의 대원각이다."라고 하였다.

---

17) 『원각경(圓覺經)』「보안장(普眼章)」에서 인용한 것이다.
18) 『원각경』 배휴(裵休)의 서(序)에서 인용. 이 서문(序)을 일명 '혈기서(血氣序)'라고도 한다.

決定說 表眞僧이여
有人不肯任情徵이라
결정한 말로 진승(眞僧)을 나타내니
어떤 사람은 긍정하지 않고 제멋대로 따져묻네

內懷聖胎하야 發言殊異하고 果敢無猶豫之辭라 故云 決定說也라하니라 學般若之人은 識心達本하야 萬慮都忘하고 巍巍堂堂하야 三界獨步하야 爲法門之領袖하고 作人天之導師라 故云 表眞僧也라하니라 有人不肯任情徵者는 設或有人이 不肯我之所蘊無上妙法하야 以種種世智로 難問於我라도 我卽一任他人徵難也라 古德云 直饒汝盡十方世界하야 都作一箇問訊頭하야 問我라도 不消老僧彈指一下로다 竝乃高低普應하고 前後無差언마는 秖恐信之不及也라하니라

안으로 성태를 품어 말하는 것이 특별하고 과감하여 머뭇거리는 말이 없기 때문에 '결정한 말'이라 하였다. 반야를 배우는 사람은 마음을 알고 근본을 요달하여 온갖 생각이 다 없어지고, 드높고 당당하여 삼계에 독보(獨步)하여 법문의 영수(領袖)가 되고, 인천(人天)의 도사(導師)가 된다. 그래서 "진승(眞僧)을 나타낸다."라고 하였다.

'어떤 사람은 긍정하지 않고 제멋대로 따져 묻네'라는 것은 설혹 어떤 사람이 내가 간직한 최상의 묘법을 긍정하지 않고 갖가지 세속의 지혜로써 나에게 따져 묻더라도 나는 곧 그 사람이 따져 묻는 데 맡겨둔다는 것이다.

옛 스님이 말하기를 "설령 그대가 온 시방 세계를 모두 하나의 질문거리로 삼아 나에게 묻더라도 노승(老僧)의 손가락 한 번 퉁김을 이해하지 못하도다. 아울러 이에 높고 낮은 데 널리 응하고 앞과 뒤에 어긋남이 없건만은 다만 혹 믿음이 미치지 못할까 염려스럽다."라고 하였다.

直截根源佛所印이니
摘葉尋枝我不能이로다
근원을 바로 끊는 것은 부처님께서 인가하신 바니
잎 따고 가지 찾는 일을 나는 하지 않는다

直下에 頓入佛之知見하고 不隨漸次敎相涉歷일새 故云 直截也라하니라 先德云 祇此箇事 若在語言上인댄 三乘十二分敎는 豈不是無言說가하니 因什麽道敎外別傳가 唯此一法으로 直下明心하야 但求其本하고 不徇其末이라 故云 直截根源也라하니라 佛所印者는 諸佛法門을 遞相印可하야 一印印定이니 起畢同時

요 更無前後라 故名曰印也라하니라 摘葉尋枝我不能者는 名相
之學은 猶如摘葉하야 頭數法門이 無有窮盡하야 徒自困疲요 終
無所益이라 故曰我不能也라하니라

곧바로 불지견(佛知見)에 단박에 들어가고, 점차로 교상(教相)
을 섭렵하는 것을 따르지 않는다. 그러므로 '바로 끊는 것[直截]'
이라 하였다. 옛 스님이 말하기를 "다만 이 일이 만일 언어에 있
다면 삼승(三乘)과 십이분교(十二分教)가 어찌 언설(言說)이 없는
것이 아니라고 하겠는가."라고 하였으니, 무엇 때문에 교외별전
(教外別傳)이라 말하는가. 오직 이 하나의 법으로써 곧바로 마음
을 밝혀 다만 그 근본을 추구하고 그 지말은 따르지 말아야 한다.
그래서 '근원을 바로 끊는 것(直截根源)'이라 하였다.

'부처님께서 인가하신 것'이라는 것은 모든 부처님의 법문을 서
로 서로 인가하여 한 도장으로 인증하는 것이니, 처음과 끝이 동
시이고, 다시 앞과 뒤가 없다는 것이다. 그러므로 '인(印)'이라 이
름하였다.

'잎 따고 가지 찾는 일 나는 하지 않는다'라는 것은 명상(名相)
의 학문은 마치 잎을 따는 것과 같아서 두수(頭數: 명상의 숫자)의
법문이 끝이 없어 한갓 스스로 피곤할 뿐, 마침내 이익되는 바
없다는 것이다. 그러므로 "나는 하지 않는다."라고 하였다.

摩尼珠 人不識이여
如來藏裡親收得이라
마니주를 사람들이 알지 못함이여
여래장 속에서 친히 거두어 얻었다

梵語摩尼는 此云如意珠也라 體性輕軟하고 潔淨如法하야 具諸
功德일새 唯此一寶 可喩佛性이라 人人이 皆有此寶나 而不得受
用者는 何오 爲無明塵垢所覆하야 不能自現일새 故云 人不識也
라하니라 如來藏裡親收得者는 此摩尼珠는 非世所有라 乃於如
來秘密藏中에 親獲此寶니라 所言如來藏者는 有在纏如來藏이요
有出纏如來藏하니 衆生이 常爲三毒五陰煩惱所覆일새 雖有寶
藏이나 不得受用을 謂之在纏如來藏也요 若乃諸佛이 三德精明
하야 湛然圓滿하며 包容法界種種功德을 謂之出纏如來藏也라
藏卽且置하고 阿那箇是珠아 豈不見가 僧問南泉호되 摩尼珠 人
不識이여 如來藏裡親收得者라하니 如何是藏이닛가 師云 王老師
가 與儞往來者 是藏이니라 僧云 如何是珠이닛가 師乃召僧云 師
祖師祖여하니 僧應諾이어늘 師云 去하라 你不會我意去로다 莫道
這僧不薦하라 設使薦得이라도 我也知儞摸索未着在라하니라

산스크리트어의 '마니'는 번역하면 '여의주'다. 체성(體性)이 가

볍고 부드럽고 정결하고 청정하고 법다워 모든 공덕을 갖추었기에, 오직 이 보배만을 불성에 비유할 수 있다. 사람마다 모두 이 보배를 지니고 있으나 수용하지 못하는 것은 무엇 때문일까? 무명의 티끌과 때에 덮여있어 스스로 나타날 수 없는 것이다. 그러므로 "사람들이 알지 못한다."라고 하였다.

'여래장 속에서 친히 거두어 얻었다'라는 것은, 이 마니주는 세간에 있는 것이 아니므로 이에 여래 비밀장 속에서 친히 이 보배를 얻는다는 것이다. '여래장(如來藏)'이라는 것은 재전여래장(在纏如來藏: 번뇌 속의 여래장)과 출전여래장(出纏如來藏: 번뇌를 벗어난 여래장)을 말한다. 중생이 항상 삼독과 오음의 번뇌에 덮여 있기 때문에, 비록 보배 창고를 지니고 있으나 수용하지 못하는 것을 재전여래장이라 하고, 모든 부처님은 삼덕(三德)[19]이 정명(精明)하여 담연·원만하며, 법계의 갖가지 공덕을 포용한 것을 출전여래장이라 한다. 장(藏)은 그만두고, 어떤 것이 구슬인가? 어찌 보지 못했는가?

어느 스님이 남전(南泉, 748~834)에게 묻되, "마니주를 사람들이 알지 못함이여, 여래장 속에서 친히 거두어 얻는다고 하는데, 어떤 것이 장(藏)입니까?"라고 하니, 남전이 대답하기를 "내가 그대와 함께 오고 가는 것이 장(藏)이다."라고 하였다. 스님이 "어떠한 것이 마니주입니까?" 하니, 남전이 곧바로 "사조여! 사조

---

19) 삼덕: 법신덕(法身德)·반야덕(般若德)·해탈덕(解脫德).

여!" 하고 불렀다. 스님이 "예" 하고 대답하니, 남전이 "가거라. 그대가 나의 뜻을 알지 못한다. 이 승려가 알지 못한다고 말하지 말라. 설령 안다 하더라도, 나는 또한 그대가 더듬어 찾으려 해도 찾을 수 없다는 것을 안다."라고 하였다.

六般神用空不空이요
一顆圓光色不色이로다
여섯 가지의 신비한 작용은 공하나 공하지 않고
한 덩이 둥근 광채는 색이나 색이 아니로다

此摩尼珠는 珠有六竅일새 喩六根也라 迷爲六賊하야 自劫家寶이니 所有無量功德法財가 盡爲六賊所盜也어니와 若乃悟之면 謂之六般神用也니 在眼曰見이요 在耳曰聞이며 在口談說이요 在足運奔하야 用無盡也라하니라 空不空者는 此之妙用이 非其有無可見이라 所以로 道하되 若言其有인댄 無狀無形이요 若言其無인댄 聖有之靈[20]이라하니 故云 空不空也라하니라 一顆圓光色非色者는 此之寶珠가 從無始來로 恒赫靈明하야 照十方界라

---

[20] 『조론(肇論)』에 "欲言其有 無狀無名 欲言其無 聖以之靈"으로 되어 있다. 여기서는 '聖以之靈'을 따랐다.

故知眞色無形이나 而森羅大千이라 古德云 青青翠竹은 盡是眞如요 鬱鬱黃花는 無非般若라하니 故云 一顆圓光色不色也라하니라

이 마니주는 구슬에 여섯 개의 구멍이 있으므로 육근에 비유하였다. 미혹하면 육적(六賊)이 되어 스스로 자기 집의 보물을 빼앗나니, 간직하고 있는 한량없는 공덕의 법 재물이 모두 육적에게 도둑맞는 것이 된다. 만일 이것을 깨달으면 여섯 가지의 신비한 작용이라고 말하니, 눈에 있어서는 보고, 귀에 있어서는 듣고, 입에 있어서는 말하고, 발에 있어서는 걷는 것이다. 그러므로 그 작용이 끝이 없다.

'공하나 공하지 않다'는 것은 이 묘한 작용은 유(有)와 무(無)로서 볼 수 있는 것이 아니라는 것이다. 그러므로『조론(肇論)』에 "만일 그것을 있다고 말하자니 모양도 없고 형체도 없으며, 만일 그것을 없다고 말하자니 성인이 이것으로써 신령스럽다."라고 하였다. 그러므로 "공하나 공하지 않다."라고 하였다.

'한 덩이의 둥근 광채는 색이나 색이 아니다'라는 것은 이 보배 구슬은 시작이 없는 옛적부터 오늘에 이르기까지 밝게 빛나고 신령스럽고 밝아서 시방 세계를 비춘다는 것이다. 그러므로 참다운 색은 형체가 없으나 대천세계에 널려 있다는 것을 알 수 있다. 옛 스님이 다음과 같이 말하였다.

靑靑翠竹	푸르고 푸른 대나무는
盡是眞如	모두가 진여(眞如)요.
鬱鬱黃花	우거진 노란 꽃은
無非般若	반야 아닌 것 없어라.

그러므로 "한 덩이의 둥근 광채는 색이나 색이 아니다."라고 하였다.

淨五眼 得五力이여
唯證乃知難可測이라
오안을 깨끗이 하고 오력을 얻음이여
오직 증득해야만 알고 헤아리기는 어렵다

諸經에 皆云 五根五力이어늘 今言五眼五力者는 今按諸經論하니 唯淨名經所出이라 且依文解之면 所謂五眼者는 一은 天眼이요 二는 肉眼이요 三은 慧眼이요 四는 法眼이요 五는 佛眼也니라 具足五眼爲如來면 卽得五力現前이니 一은 信力이요 二는 進力이요 三은 念力이요 四는 定力이요 五는 慧力이라 故云 淨五眼得五力也라하니라 唯證乃知難可測者는 此之心地法門은 直須親證이라야 乃可得知也라 如人飮水에 冷煖自知니 則不可以情量

測度이라 經云 若以思惟心으로 測度如來圓覺境界면 如取螢火하야 燒須彌山이라 縱經塵劫이라도 終不能着이라하니 故云 唯證乃知難可測也라하니라

모든 경전에 다 오근(五根)·오력(五力)이라고 하였는데, 지금 여기에서는 오안(五眼)·오력(五力)이라고 했다. 모든 경론을 자세히 살펴보니 오직 『정명경』에서만 〈오안(五眼)·오력(五力)이라고〉 말했다.

우선 글에 의지해 해석해 보면, 이른바 오안(五眼)이란 첫째는 천안(天眼), 둘째는 육안(肉眼), 셋째는 혜안(慧眼), 넷째는 법안(法眼), 다섯째는 불안(佛眼)이다. 오안을 구족하여 여래가 되면 곧 오력이 현전하게 되나니, 첫째는 신력(信力), 둘째는 진력(進力), 셋째는 염력(念力), 넷째는 정력(定力), 다섯째는 혜력(慧力)이다. 그러므로 "오안을 깨끗이 하고 오력을 얻었다."라고 하였다.

'오직 증득해야만 알고 헤아리기는 어렵다'는 것은 이 마음의 법문은 반드시 친히 증득하여야 알 수 있다는 것이다. 마치 사람이 물을 마실 적에 차고 더운 것을 스스로 아는 것과 같으니, 정식(情識)과 사량(思量)으로는 헤아릴 수 없다는 것이다. 경에 이르기를 "만일 사유(思惟)하는 마음으로 여래의 원각 경계를 헤아린다면 마치 반딧불로 수미산을 불태우려는 것과 같으므로, 비록 오랜 겁〔塵劫〕을 지내더라도 끝내 태울 수 없다."고 하였다. 그러므로 "오직 증득해야만 알고 헤아리기는 어렵다."라고 하였다.

鏡裡看形見不難이나
水中捉月爭拈得가
거울 속의 형상은 보기 어렵지 않으나
물 속의 달을 잡으려 하나 어찌 잡을 수 있으랴

雖鏡裡之形은 可見이나 且水中之月은 不可取也라 良由世人이 背此覺性하고 認其影像하야 流浪生死하며 頭出頭沒하야 深着 前境하야 不能出離라 故로 賢愚經云 譬如晴夜에 有衆獼猴러니 於樹井傍에 忽見月影하니 卽便遞相下井捉月하야 欲其所得이나 終不可也라하니라 良由一切衆生이 隨逐外緣하야 欲其返本도 亦復如是라 故云 水中捉月爭拈得也라하니라

거울 속의 형상은 볼 수 있으나 물속의 달은 잡을 수 없다. 진실로 세상 사람들이 본래 깨달은 진성을 등지고, 그림자와 같은 형상을 잘못 인식함으로 인하여 생사의 바다에 떠돌며 나고 죽고 하면서, 앞에 나타난 경계에 깊이 집착하여 능히 벗어나지 못한다.

그러므로 『현우경』에 이르기를 "비유하자면 맑게 갠 밤에 여러 원숭이들이 있었는데, 숲 가 우물에 비친 달을 보고 곧 달을 잡으려고 우물에 내려가 서로 잡으려고 하였으나 끝내 잡지 못한 것과 같다."라고 하였다. 일체 중생이 밖의 인연을 따르면서 그

근본으로 돌아가고자 하는 것도 또한 이와 같다. 그러므로 "물 속의 달을 잡으려 하나 어찌 잡을 수 있으랴."라고 하였다.

常獨行 常獨步여
항상 홀로 행하고 항상 홀로 걸음이여

達法之人은 不與萬法爲侶라 高超三界하야 獨步大方일새 故曰 常獨行常獨步也라하니라 未了之人은 無量劫來로 常與諸塵作對라 旣迷覺性하고 深附塵緣하야 念念之間에 不能捨離일새 故 經云 眼根受色하고 耳分別聲하며 鼻嗅諸香하고 舌舐於味嗜하며 所有身根은 貪受諸觸하고 意根은 分別一切諸法이라하니 豈 能絶前後際하야 而獨行獨步耶아

법을 요달한 사람은 만법과 짝하지 않으므로 삼계를 높이 초월하여 홀로 우주〔大方〕를 걷는다. 그러므로 "항상 홀로 행하고 항상 홀로 걷는다."라고 하였다.

요달하지 못한 사람은 무량겁래로 항상 육진과 상대하므로 이미 본각 진성을 미혹하고 육진의 반연에 깊이 부합하여 생각 생각에 버리고 떠날 수 없다. 그러므로 경에 이르기를 "눈〔眼根〕으로는 물질을 받아 들이고, 귀로는 소리를 분별하고, 코는 모든 냄새를 맡

고, 혀는 오미를 맛보고, 몸[身根]은 모든 촉감을 탐하여 느끼고, 마음[意根]은 일체 모든 법을 분별한다."라고 하였으니, 어떻게 과거와 미래[前後際]를 끊고 홀로 행하고 홀로 걸을 수 있겠는가.

達者同遊涅槃路라
요달한 이 열반의 길에 함께 노닌다

達者는 達法之人也요 涅槃者는 卽不生不滅也니 涅而不生이요 槃而不滅이니 卽無生路也니라 經云 十方薄伽梵이 一路涅槃門이라하니라 此之一路는 唯明心達本이니 具大乘種性者라야 方能步步에 踏佛階梯而同遊也니라 須知三界浩浩하고 六道茫茫이어늘 盡是失路頭人이라 是以로 千聖出興하사 爲一大事因緣하야 勸汝等諸人同行此路나 自是諸人不肯이라 古德云 天堂路上生荊棘이요 地獄門前滑似苔라하니 可謂少人踏着也니라

'요달한 이'는 법을 요달한 사람이며, '열반'이란 나지도 않고 죽지도 않는 것이다. '열(涅)'은 나지 않는 것이고, '반(槃)'은 죽지 않는 것이니 무생의 길이다. 경에 이르기를 "시방 부처님[薄伽梵]이 하나의 길인 열반문이다."라고 하였다. 이 하나의 길은 오직 마음을 밝히고 근본을 요달하는 것일 뿐이니, 대승의 종성(種

性)을 갖춘 자라야 바야흐로 한 걸음, 한 걸음 부처의 지위점차〔階梯〕를 밟아 올라가 함께 놀 수 있다.

삼계는 끝없이 넓고 육도〔六途〕는 아득한데, 모두가 길을 잃은 사람들이라는 것을 반드시 알아야 한다. 그러므로 수많은 성인이 출현하여 일대사 인연을 위해 그대들 모든 사람들에게 이 길을 같이 가기를 권하나, 스스로 모든 사람이 이를 수긍하지 않는다. 옛 스님이 다음과 같이 말하였다.

天堂路上生荊棘　천당의 길 위에 가시덤불 돋아나고
地獄門前滑似苔　지옥의 문 앞에 이끼처럼 매끄럽다.

〈열반의 길을〉 밟는 사람이 적다는 것을 말한 것이다.

調古神淸風自高요
貌悴骨剛人不顧로다
격조 예스럽고 신기 해맑아 풍모 스스로 드높음이여
얼굴은 초췌하고 뼈는 앙상하니
사람들이 돌아보지 않는구나

未了之人은 深着世緣하야 趣味浮艷하고 精神昏亂하야 內失所

守니 則非道人動靜也라 有道之士는 不染世緣하야 調格古淡하
고 精神淸爽하야 道風高貌라 故云 調古神淸風自高也라하니라
貌悴骨剛人不顧者는 大修行人이 雖形狀枯悴나 且心無貪欲하
고 內有所主 剛如金石이어늘 人罕識之니라 閻浮提人은 深着色
相하야 流轉生死하야 無有出期로되 而不省悟라 是以로 聖人은
狀同貧士하야 隱在世間이면 則不可測일새 故로 知本分道人은
內蘊般若하고 不事華飾하야 風貌淸古하니 人罕識之라 故云 貌
悴骨剛人不顧也라하니라

요달하지 못한 사람은 세속의 인연에 깊이 집착하여 취미에 들
떠 현혹되고, 정신이 혼란하여 안으로 지킨 바를 잃어버리니, 이
것은 도인의 동정(動靜)이 아니다. 도가 있는 사람은 세속의 인
연에 물들지 않아, 격조는 예스럽고 담담하고 정신은 맑고 상쾌
하여 도풍이 고매하다. 그러므로 "격조 예스럽고 신기 해맑아 풍
모 스스로 드높다."라고 하였다.

'얼굴은 초췌하고 뼈는 앙상하니 사람들이 돌아보지 않는다.'라
는 것은 큰 수행인은 비록 형상이 마르고 초췌하나 마음에는 탐
욕이 없고, 안으로 주재하는 바가 있어 강하기가 금석 같은데,
그를 아는 사람이 드물다는 것이다.

이 세상 사람들[閻浮提人]은 색상(色相)에 깊이 탐착하여 생사
에 유전하여 벗어날 기약이 없는데도 이를 살펴 깨치지 못한다.
이런 까닭으로 성인은 그 모습이 가난한 사람과 같아서 세간에

숨어 있으면 헤아릴 수 없다. 그러므로 본분을 아는 도인은 안으로 반야를 간직하고 화려하게 꾸미는 것을 일삼지 아니하여 풍모가 맑고 예스러우니, 그를 아는 사람이 드물다. 그러므로 "얼굴은 초췌하고 뼈는 앙상하니 사람들이 돌아보지 않는다."라고 하였다.

窮釋子 口稱貧이나
實是身貧道不貧이라
빈궁한 승려 입으로 가난하다 말하나
진실로 몸은 가난해도 도는 가난하지 않다

有道人은 不假外飾이라 故曰 貧也라하니 古德云 學道嚴身에 三常不足이라하니 則斯謂之歟인저 釋子者는 從佛受稱이라 具足이면 應云釋迦氏니 卽五姓之一也니라 我佛因中에 爲太子時에 王有四子하니 俱爲王貶이나 此四太子가 以德歸人하야 卽爲強國이라 父王悔憶하야 遣使往詔四子하니 辭過不歸라 父王歎曰 我子釋迦라하니라 卽華言能仁也니라 今不言迦而言釋者는 從其簡也요 子者男子之通稱이라 故曰 釋子也라하니라 口稱貧者는 口雖稱貧이나 內蘊聖法하니 實非貧也니라 實是者는 乃諦實之言也라 身貧者는 爲闕世財七寶等也라 道不貧者는 若論其道인댄

則河沙功德의 無量法財를 用無窮盡이라 雖無卓錐之地나 實是
價直娑婆라 故曰 實是身貧道不貧也라하니라 下文에 明出也라

  도가 있는 사람은 밖으로 꾸미지 않으므로 '가난하다'라고 하였
다. 옛 스님이 말하기를 "도를 배우고 몸을 엄하게 하는데 삼상
(三常)[21]을 부족히 하라." 하였으니, 이것을 말한 것이다.
  '석자(釋子)'는 부처님께 받은 호칭이다. 갖추어 말하면 석가씨
(釋迦氏)라고 말해야 하니, 다섯 성(姓)[22] 중의 하나이다. 부처님께
서 인행(因行) 중에 태자가 되었을 때 왕에게 네 명의 아들이 있
었는데, 모두 왕에게 쫓겨났지만, 이 네 명의 태자가 덕으로써 사
람들을 귀화시켜 곧 강한 나라가 되었다. 부왕이 뉘우쳐 생각하
고 사신을 보내어 네 아들을 부르니, 자신들의 허물을 말하며 돌
아가지 않았다. 부왕이 탄식하며 말하기를 "내 아들이 석가(釋迦)
다."라고 하였다. 〈석가는〉 중국말로는 '능인(能仁)'이니 〈어질다
는 뜻이다.〉 여기서 '가(迦)'를 말하지 않고 '석(釋)'만을 말한 것
은 간략함을 따른 것이고, '자(子)'는 남자의 통칭이다. 그러므로
'석자(釋子)'라고 하였다.
  '입으로 가난하다 말하나'라는 것은 입으로는 비록 가난하다고
말하나 안으로는 성인의 법을 간직하고 있으니 실은 가난한 것

---

21) 삼상(三常): 의복(衣服)・음식(飮食)・수면(睡眠).
22) 다섯 성(姓): 석가족의 구담(瞿曇)・감자(甘蔗)・일종(日種)・석가(釋迦)・사이(舍夷)의
    다섯 성.

이 아니라는 것이다. '진실로〔實是〕'는 곧 진실〔諦實〕하다는 말이다. '몸은 가난해도'라는 것은 세상의 재물인 칠보 등이 없다는 것이다. '도는 가난하지 않다'는 것은 만일 그 도를 논하자면 항하의 모래와 같이 많은 공덕과 한량없는 법의 재물을 〈아무리〉 써도 다함이 없다는 것이다. 비록 송곳 꽂을 땅도 없으나 실로 값어치는 사바(娑婆) 세계와 같다. 그러므로 "진실로 몸은 가난해도 도는 가난하지 않다."라고 하였다. 아래 글에서 이것을 분명하게 드러냈다.

貧則身常被縷褐이요
道卽心藏無價珍이로다
가난함은 몸에 항상 누더기 입음이요
도는 항상 마음에 무가보(無價寶)를 간직했네

貧則身乏嚴飾이니 謂之身貧也로되 其道는 可尊可貴니 實非貧也라 古德云 袈裟破後重重補요 糧食無時旋旋營이라하니 是以로 迦葉이 着糞掃衣한대 佛贊하사되 爲上行之衣라하시니라 節食儉衣는 爲知足故也라 道卽心藏無價珍者는 世間七珍인 金 銀 琉璃 珊瑚 硨磲 眞珠 碼碯 等 寶는 皆有價値나 唯有心寶일새 故無價也라하니라 達磨云 於諸法中에 心法爲上이요 於諸寶中

에 心寶爲上이라하니 此寶無形이라 非具道眼이면 卒難可見이라 故曰 心藏無價珍也라하니라

가난하면 몸에 장엄하게 꾸밈이 부족하니, 몸이 가난하다고 말하였지만 그 도는 존귀하니 실로 가난하지 않은 것이다. 옛 스님이 말하기를 "가사가 떨어지면 거듭 거듭 깁고, 양식이 없을 때는 얼른 얼른 마련한다."라고 하였다. 그래서 가섭이 누더기〔糞掃衣〕를 입고 있으니 부처님께서 가장 훌륭한 수행자의 옷이라고 찬탄하셨다. 음식을 절약하고 옷을 검소하게 입는 것은 만족함을 알기 때문이다.

'도는 항상 마음에 무가보[23]를 간직했다'라는 것은, 세간의 칠보(七寶)인 금·은·유리·산호·자거〔硨磲〕·진주·마노 등 보배는 모두 값을 칠 수 있으나, 오직 마음의 보물〔心寶〕을 간직한 까닭에 '값을 칠 수 없다(無價珍)'라고 말한 것이다.

달마가 말하기를 "모든 법 가운데 마음 법이 으뜸이요, 모든 보배 가운데 마음의 보배가 으뜸이다."라고 하였으니, 이 보배는 형체가 없으므로 도안을 갖추지 않으면 마침내 보기 어렵다. 그러므로 "마음에 무가보를 간직했다."라고 하였다.

---

23) 무가보(無價寶): 값을 매길 수 없는 최상의 귀중한 보배.

無價珍用無盡이여
利物應緣終不悋이라
무가보는 써도 다함이 없으니
중생 이롭게 함에 인연 따라 마침내 아끼지 않는다

再言無價珍者는 明此寶 實非世間之寶也라 用無盡者는 世間之寶는 皆有限量하야 用皆有盡이라 設使壽同彭祖하고 富似石崇이라도 乃一世之榮也어니와 唯此心寶는 用無盡也라 上至十方諸佛히 經無量劫토록 受用不盡하고 西天二十八祖도 用不盡하고 唐土六祖도 用不盡하고 天下老和尙도 用不盡하고 卽今山僧도 用不盡也니라 利物應緣終不悋者는 十字街頭에 堂堂分付하니 何曾悋惜가 自是時人이 不肯承當이니라 古德云 驪珠不是驪龍惜이니 自是時人不解求라

'무가보'라고 두 번이나 말한 것은 이 보배가 실로 세간의 보배가 아님을 밝힌 것이다. '써도 다함이 없다'는 것은 세간의 보배는 모두 한량(限量)이 있어 쓰면 모두 다함이 있기 때문이라는 것이다. 설령 수명이 팽조(彭祖)[24]와 같고 부(富, 249~300)가 석숭(石崇)[25]과 같더라도 한 세상의 영화이지만 오직 이 마음의 보배만은

---

24) 팽조 : 800년 동안 살았다고 하는 중국 전설 속의 인물.

써도 다함이 없는 것이다. 위로는 시방 제불에 이르기까지 무량 겁을 지내도록 써도 다 쓰지 못했고, 인도〔西天〕 28조도 다 쓰지 못했으며, 중국의 여섯 조사 역시 다 쓰지 못했고, 천하의 노화상 또한 다 쓰지 못했고, 지금 산승도 다 쓰지 못한다.

'중생을 이롭게 함에 인연 따라 마침내 아끼지 않는다'는 것은 네거리 길에서 당당히 분부하니 어찌 아끼겠는가. 스스로 당시 사람들이 즐거이 받아들이지 않는다는 것이다. 옛 스님이 다음과 같이 말하였다.

驪珠[26]不是驪龍惜   여룡은 여의주를 아끼지 않으나
自是時人不解求   이 시대 사람들이 스스로 구할 줄 모르네.

三身四智體中圓이요
八解六通心地印이로다
삼신(三身)과 사지(四智)가 본체 가운데 원만하고
팔해탈과 육신통은 심지(心地)의 인(印)이로다

三身四智와 八解六通者는 乃覺性功用得名也라 地는 以能生爲

---

25) 석숭 : 중국 서진(西晉)의 부호.
26) 여주(驪珠) : 검은 용〔驪龍〕의 턱 밑에 있는 구슬. 여의주.

義하고 印은 以號令爲義也라 所言三身者는 法身 報身 化身也
라 四智者는 大圓鏡智 平等性智 妙觀察智 成所作智也라 八解
者는 一은 內觀色解脫이요 二는 外觀色解脫이요 三은 淨處解脫
이요 四는 無邊處解脫이요 五는 識無邊處解脫이요 六은 無所有
處解脫이요 七은 非想處解脫[27]이요 八은 究竟滅處解脫이니 此
八處解脫이 卽八識解脫이니라 所言八識者는 卽眼耳鼻舌身意
로 爲六識이요 七은 傳送識이며 八은 阿賴耶〈識〉이니 卽含藏識
也니라 所以로 轉八識爲四智요 束四智爲三身也라 今言轉八識
爲四智者는 轉眼耳鼻舌身 五識하면 爲成所作智요 轉第六意識
하면 爲妙觀察智요 轉七傳送識인 末那含하면 爲平等性智요 轉
八含藏識인 阿賴耶識하면 爲大圓鏡智니라 束四智爲三身者는
以成所作智와 妙觀察智로 爲化身이요 平等性智로 爲報身이요
大圓鏡智로 爲法身이라 此之三身은 祇一身也라 要識一身麼아
頭圓象天이요 足方似地라 古貌稜層이여 丈夫意氣로다

삼신(三身)·사지(四智)·팔해(八解)·육통(六通)이란 각성의 공용
(功用)으로 얻은 이름이다. 땅은 생장(生長)시키는 것으로 뜻〔義〕
을 삼고, 인(印)은 호령하는 것으로 뜻을 삼는다. 여기서 말한 '삼
신'이란 법신(法身)·보신(報身)·화신(化身)이다. '사지(四智)'란 대
원경지(大圓鏡智)·평등성지(平等性智)·묘관찰지(妙觀察智)·성소

---

27) 비상비비상처해탈(非想非非想處解脫).

작지(成所作智)이다.

팔해탈(八解脫)은 첫째 내관색해탈(內觀色解脫), 둘째 외관색해탈(外觀色解脫), 셋째 정처해탈(淨處解脫), 넷째 무변처해탈(無邊處解脫), 다섯째 식무변처해탈(識無邊處解脫), 여섯째 무소유처해탈(無所有處解脫), 일곱째 비상비비상처해탈(非想非非想處解脫), 여덟째 구경멸처해탈(究竟滅處解脫)이니, 이 팔해탈이 곧 팔식해탈(八識解脫)이다. 팔식이란 눈〔眼〕·귀〔耳〕·코〔鼻〕·혀〔舌〕·몸〔身〕·뜻〔意〕의 육식과, 제7 전송식(傳送識)과, 제8 아뢰야식(阿賴耶識), 곧 함장식(含藏識)을 말한다. 팔식(八識)을 바꾸면 사지(四智)가 되고, 사지(四智)를 묶어 삼신(三身)을 삼는다. 여기에서 팔식을 바꾸면 사지(四智)가 된다는 것은 눈·귀·코·혀·몸의 5식을 바꾸면 성소작지가 되고, 제6 의식〔意〕을 바꾸면 묘관찰지(妙觀察智)가 되고, 제7 전송식(傳送識)인 말나함(末那含)을 바꾸면 평등성지(平等性智)가 되고, 제8 함장식(含藏識)인 아뢰야식(阿賴耶識)을 바꾸면 대원경지(大圓鏡智)가 된다는 것이다.

'사지(四智)를 묶어 삼신을 삼는다'라는 것은 성소작지(成所作智)와 묘관찰지(妙觀察智)를 화신(化身)으로 삼고, 평등성지(平等性智)를 보신(報身)으로 삼고, 대원경지(大圓鏡智)를 법신으로 삼는다는 것이다. 이 삼신은 다만 일신(一身)이다. 일신을 알고자 하는가? 머리가 둥근 것은 하늘을 상징한 것이고, 발이 모난〔方〕 것은 땅을 상징한 것이다. 예스러운 용모, 앙상하게 마름〔稜層〕이여, 대장부의 의기(意氣)로다.

上士一決一切了어니와
中下多聞多不信이라
상근기는 하나를 해결함에 일체를 깨치고
중하근기는 많이 들을수록 더욱 믿지 않네

無上妙法은 唯上人所聞에 卽能諦了일새 故云 上士一決一切了 也라하니라 是以로 上士는 相見目擊에 道存이요 中下之人은 祇 益多聞이라 所以로 云言多則去道轉遠일새 故曰 中下多聞多不 信也라하니라 然則三敎에 所有言詮은 則皆然也라 大乘菩薩은 一聞千悟하야 得大總持하고 諸小乘人은 不任此法也라 老子云 上士聞道면 勤而行之하고 中士聞道면 若存若亡하며 下士聞道 면 而大笑之하나니 不笑면 不足爲道也라하니라 傳云 可與言而 與言하고 不可與言而不與言하라 可與言而不與言이면 謂之失 人이요 不可與言而與言이면 謂之失言也라하니라 故로 寒山詩 云 上人心猛利하야 一聞便知妙요 中流心淸淨하야 審思云甚要 요 下士鈍暗癡하야 頑皮最難裂이라 直待血淋頭라야 始知自摧 滅이라 看取開眼賊하라 鬧市集人決이라 死屍棄如塵이니 此時 向誰說가 男兒大丈夫는 一刀兩斷截이라 人面禽獸心인댄 造作 何時歇가하니 先聖激勵如此하니 其有善根者는 聞之必有感焉이 니라

최상의 오묘한 법은 오직 상근기인이 들으면 곧바로 깨닫는 까닭에 "상근기는 하나를 해결함에 일체를 깨친다."라고 하였다. 그러므로 상근기인은 서로 보아 눈이 마주치는 데에 도가 있고, 중근기인과 하근기인은 많이 듣는 것만 더할 뿐이다. 그런 까닭에 말이 많으면 도와는 더욱 멀어진다. 그러므로 "중근기인과 하근기인은 많이 들을수록 더욱 믿지 않는다."라고 하였다. 그런즉 삼교(三敎)에 있는 언전(言詮)은 모두 다 그런 것이다. 대승보살은 한 번 들음에 천 가지를 깨달아 대총지(大總持)를 얻고, 소승인들은 이 법을 감당할 수 없다. 『노자』에 이르기를 "상사(上土)는 도를 들으면 부지런히 행하고, 중사(中土)는 도를 들으면 있는 것 같기도 하고 없는 것 같기도 하여 〈반신반의하며〉, 하사(下土)는 도를 들으면 크게 웃는다. 〈하사가〉 웃지 않으면 도라 할 수 없다."[28]라고 하였다.

전(傳)에 이르기를 "말해 줄 만하면 말해 주고, 말해 주어서는 안 될 만하면 말해 주지 말라. 말해 줄 만한데 말해 주지 않으면 사람을 잃고, 말해 줄 수 없는데 말해 주면 말을 잃는다."[29]라고 하였다. 그러므로 한산(寒山)이 시에서 다음과 같이 말했다.

---

28) 『노자(老子)』, 제41장.
29) 『논어(論語)』, 「위령공(衛靈公)」장에는 "可與言 而不與之言 失人 不可與言 而與之言 失語 知者 不失人 亦不失言"이라 하였다.

上人心猛利	상근기인은 마음이 매우 예리하여
一聞便知妙	한번 듣고 문득 오묘함 알고
中流心淸淨	중근기인은 마음이 청정하여
審思云甚要	살펴 생각하고 매우 중요하다 말하네.
下士鈍暗癡	하근기인은 암둔하고 어리석어
頑皮最難裂	가장 찢기 어려운 질긴 가죽과 같네.
直待血淋頭	피가 낭자하게 흘러야만이
始知自摧滅	비로소 스스로 꺾여 없어짐 알리라.
看取開眼賊	눈 뜬 도적을 보아라.
鬧市集人決	시끄러운 저자거리 사람 모인 곳에서 결정한다.
死屍棄如塵	죽은 시체 티끌처럼 버리니
此時向誰說	이 때 누구에게 말할까.
男兒大丈夫	남아 대장부는
一刀兩斷截	한 칼로 두 동강이를 낸다.
人面禽獸心	사람 얼굴에 짐승 마음이여,
造作何時歇	그런 짓 어느 때나 그칠까.

옛 성인들의 격려가 이와 같으니, 좋은 근기를 지닌 이들이 이 말을 들으면 반드시 느끼는 바가 있을 것이다.

但自懷中解垢衣언정
誰能向外誇精進가
다만 자기 마음 속에 때 묻은 옷을 벗을지언정
누가 밖으로 정진을 자랑하랴

垢衣者는 卽無明煩惱也니 衣者는 以盖覆爲義요 垢者는 卽塵垢也니 塵은 以染汚爲義니라 此之無明은 能盖覆淸淨法體하고 能染汚微妙覺性이라 故喩垢衣也니라 但自懷中解垢衣者는 況此己事는 非他人可爲故也라 從等覺已還은 皆是垢衣大士也라 見性之人은 潛藏密用하야 不爲塵勞無明盖覆일새 故云 解垢衣也라하니라 古德云 卸却膩脂帽子하고 脫却羶臭布衫하고 擺手出荊棘林하야 得大自在也라하니라 小乘之人은 專求事相하니 雖身圍法座나 心遠法塵하니 是外誇精進也라 寶公云 人定亥에 勇猛精進이나 成懈怠라하니 卽其謂也니라

'때 묻은 옷'이라는 것은 무명번뇌이다. 옷은 덮는 것으로 뜻을 삼고, 때는 곧 티끌의 때니, 티끌은 더럽히는 것(染汚)으로 뜻을 삼는다. 이 무명은 능히 청정한 법체를 덮고 미묘한 각성을 더럽힌다. 그러므로 때 묻은 옷에 비유하였다.

'다만 자기 마음속의 때 묻은 옷을 벗는다'라고 한 것은 자기의 일은 다른 사람이 할 수 있는 것이 아님을 비유한 것이다. 등각

(等覺) 이전은 모두 때 묻은 옷을 입은 보살[大士]들이다. 견성한 사람은 가만히 감추고 은밀히 써서 번뇌무명에 덮이지 않는다. 그러므로 "때 묻은 옷을 벗는다."라고 말하였다. 옛 스님이 말하기를 "기름때 묻은 모자를 벗고 악취 나는 베적삼을 벗어버리고 손을 털며 가시덤불에서 나와 대자재를 얻는다."라고 하였다. 소승인은 오로지 사상(事相)만 구하니, 비록 몸은 법좌에 둘러싸여 있으나 마음은 법진에 둘러싸여 있으니, 이것이 밖으로 정진을 자랑하는 것이다. 보공(寶公)[30]이 말하기를 "사람들이 잠든 해시(亥時 : 23시~1시)에 용맹정진을 하지만 게으름을 이룬다."라고 하였으니, 곧 이것을 말한 것이다.

從他謗 任他非하라
把火燒天徒自疲라
남들의 비방에 따르고 남들의 비난에 맡겨두라
불을 가지고 하늘을 태우려 하니 스스로 피곤할 뿐이다

以言毀辱을 謂之謗이요 以是爲不是를 謂之非也라 見性之人은

---

30) 보공(寶公) : 중국 양(梁)나라 때의 승려. 지공(誌公) 또는 보공(寶公)이라고도 한다. 승검(僧儉)을 섬겨 선을 배우고, 예언을 하였으며, 거처가 일정하지 않고, 때도 없이 음식을 먹으며, 머리를 수 척이나 기르고, 언제나 맨발로 거리를 다니며, 가위, 칼, 거울 등을 끝에 단 석장(錫杖)을 짚고 다니던 신이한 스님이었다. 『양고승전(梁高僧傳)』, 卷10 참조.

十二時中에 所遇順逆之境에 心卽安然하야 不爲萬境所轉也라
一任毁謗於我하야 我旣不受니 惡言謗讟이 返自歸己라 所謂自
作自受也니라 譬若有人이 手執火燧하야 擬欲燒天이나 徒自困
疲하야 終不可得일새 故云 把火燒天徒自疲也라하니라

말로 헐뜯고 욕하는 것을 비방〔謗〕이라 하고, 옳은 것을 옳지 않다 하는 것을 비난〔非〕이라 한다. 견성한 사람은 온 종일 만나는 마음에 드는 경계〔順境〕와 마음에 거슬리는 경계〔逆境〕에 마음이 편안하여 모든 경계에 굴러 떨어지지 않는다. 나를 헐뜯고 비방하는 데 맡겨두라. 내가 이미 받아들이지 않으니, 악독한 말과 더러운 비방이 도리어 그 자신에게로 돌아간다. 이른바 스스로 지어서 스스로 받는다는 것이다. 비유컨대 어떤 사람이 손에 횃불을 들고서 하늘을 불태우려고 하나 스스로 피곤할 뿐 마침내 태울 수 없는 것과 같다. 그러므로 "불을 가지고 하늘을 태우려 하니 스스로 피곤할 뿐이다"라고 하였다.

我聞恰似飮甘露니
銷融頓入不思議로다
내 듣기에는 흡사 감로수를 마시는 듯하여
녹아 내려 단박에 부사의경에 들어가도다

我聞毁謗之言이라도 恰似飮甘露하야 心自淸凉하야 不生熱惱로
되 未了之人은 聞毁謗是非之言이면 心生煩惱니 所謂驀然一處
撥着이면 三處一時火起하야 不可止也라 古德云 覺華有種無人
種이면 心火無烟日日燒라하니라 唯見性之人은 所聞逆順之言에
心得自在하야 卽入不思議解脫妙門이라 故云 銷融頓入不思議
也라하니라

나는 헐뜯고 비방하는 말을 들을지라도 흡사 감로수를 마시는
것처럼 마음이 스스로 청량하여 뜨거운 번뇌가 나지 않지만, 요
달하지 못한 사람은 훼방과 시비의 말을 들으면 마음에 번뇌가
일어나니, 이른바 "한 곳에서 갑자기 터져 나오면 세 곳(三處)에
서 일시에 불이 일어나 그칠 수 없다."는 것이다. 옛 스님이 다음
과 같이 말하였다.

覺華有種無人種   깨달음의 꽃 종자 있어도 사람이 심지 않고
心火無烟日日燒   마음의 불 연기가 없지만 나날이 타는구나.

오직 견성한 사람만이 듣기 싫은 말과 듣기 좋은 말에 마음이
자재하게 되나니, 부사의해탈묘문(不思議解脫妙門)에 들어간다. 그
러므로 "녹아 내려 단박에 부사의경에 들어간다."라고 하였다.

觀惡言 是功德이니
此卽成吾善知識이라
나쁜 말을 관찰하는 것이 공덕이니
이것이 나의 선지식이 된다

耳聞惡言이라도 不起瞋心이면 則能成就定慧之力也니라 不爲六賊盜竊家寶면 功德法財가 從此增長하리니 則知彼毁謗之人이 返乃爲我善知識也니라 不言聞惡言이라하고 而言觀者는 卽六根互用也니라 我佛世尊이 成道之日에 群魔競作이나 如來 哀愍此輩하사 卽入慈心三昧라 是時魔衆이 終不能害하니 此乃成就萬德莊嚴定慧功德也니라

귀로 악언(惡言)을 들을지라도 성내는 마음을 일으키지 않으면 정혜의 힘을 성취할 수 있다. 육근(六賊)이 집안 보물을 도적질하지 않게 되면 공덕의 법재(法財)가 이로부터 더욱 늘어난다. 저 헐뜯고 비방하는 사람이 도리어 나의 선지식이 되는 줄 알겠다.

악언을 '듣는다' 하지 않고 '관찰한다'고 한 것은 육근이 호용(互用)[31]해서이다. 우리 부처님 세존께서 성도하시던 날, 수많은 마군

---

31) 육근호용(六根互用): 안(眼)·이(耳)·비(鼻)·설(舌)·신(身)·의(意)의 육근이 끝없는 옛부터의 번뇌를 여의고 청정하여져서 낱낱 근이 서로서로 다른 근의 작용을 갖춘 것.

(魔軍)들이 앞다투어 일어났으나, 여래께서 이들을 불쌍히 여겨 곧 자심(慈心) 삼매(三昧)에 드셨다. 이 때 마군들이 마침내 해칠 수가 없었다. 이것이 만덕 장엄과 정혜 공덕을 성취한 것이다.

不因訕謗起怨親하면
何表無生慈忍力가
헐뜯음과 비방으로 인하여
원한과 친함 일으키지 않는다면
무엇으로 무생(無生)의 자인력(慈忍力)을 나타내랴

若不因上來訕毒毀謗之言이 加及於我면 我卽了善惡之聲이 皆不可得이리니 譬若風過樹頭에 祗聞其聲이요 不生分別善惡之音이라 卽起冤親平等之心하여 以能成就慈悲喜捨四無量心이니 卽於時中 所遇逆順之境에 以平等心으로 坦然自在하야 無有罣礙어니와 若不如此면 則何以表我無生慈忍道力耶아

만일 위에서 말한 헐뜯음과 비방하는 말이 나에게 미치지 않는

예를 들면 눈이 볼 뿐만 아니라 듣고, 냄새 맡고, 맛보고, 느끼고, 안다. 눈 이외에 다른 오근도 이와 같다.

다면, 나는 곧 좋고 나쁜〔善惡〕 소리를 모두 얻을 수 없음〔空〕을 알게 되리라. 비유하자면 바람이 나무 끝을 스쳐갈 적에 그 소리만 들릴 뿐 좋고 나쁜 소리를 분별하는 마음을 내지 않는 것과 같다.

곧 원수와 친한 사람에게 평등한 마음을 일으키므로 자(慈)·비(悲)·희(喜)·사(捨)의 사무량심을 성취할 수 있다. 곧 어느 때나 만나는 듣기 싫은 말과 듣기 좋은 말에 평등한 마음으로 탄연(坦然)히 자재하여 걸림이 없을 것이다. 만일 이러하지 못하면 무엇으로 나의 생멸이 없는 자비 인욕〔無生慈忍〕의 도력을 나타낼 수 있겠는가.

宗亦通 說亦通이여
종지(宗旨)도 통하고 설법(說法)도 통함이여

宗通者는 卽法通也라 法非言說이며 言說非法이라 雲門云 東海鯉魚를 打一棒하니 雨似盆傾이라하고 天衣云 山僧은 倒騎佛殿하고 諸人은 反着草鞋라하고 乃至靑平搬土와 歸宗拽石과 德山 入門便棒과 臨濟 入門便喝이라 如上垂慈ㅣ 若無悟心이면 如何明得耶아 直須洞明宗旨하고 深達本源하야 直下明宗이라 不同圓漸일새 故曰 宗通也라하니라 說通者는 卽義通也라 善能講說

十二部經하야 明法相數하야 一一了知하야 無有疑誤라 故日 說通也라하니라 今言宗亦通 說亦通者는 則是法義雙通이니 能具此者는 極難得이라 其人法門을 後進不曉其旨하야 互相是非라 傳曰 西天은 則分河飮水하고 此土는 乃禪律相非라하니 皆不明法義二門也니라 圭峯云 經如繩墨이니 楷定邪正이라 繩墨이 非巧나 巧者는 必以繩墨爲憑하고 經論이 非禪이나 參禪者는 必以經論으로 爲準이라하니라 古德云 今人看古敎하고 未免心中鬧라도 欲免心中鬧인댄 應須看古敎라하니라 傳云 經是佛語요 禪是佛心이니 諸佛心口는 必不相違也라하니라 大師가 始者에 聽習天台智者敎觀이라가 後有發明知見하고 往曹溪하니 六祖印可라 故深明此旨일새 故曰 宗亦通 說亦通이라하니라

'종통(宗通)'은 곧 법통이다. 법은 말이 아니고, 말은 법이 아니다. 운문(雲門, 864~949)이 말하기를 "동해의 잉어를 한 방망이 치니 비가 동이로 붓듯이 내린다."[32] 하였고, 천의(天衣)가 말하기를 "나[山僧]는 불전(佛殿)을 거꾸로 타고, 모든 사람들은 짚신을 거꾸로 신는다." 하였고, 또 청평(靑平)은 흙을 옮겼고, 귀종(歸宗)은 바위를 끌었고, 덕산(德山, ?~865)은 문에 들어서는 이를 문득 몽둥이로 때렸고, 임제(臨濟, ?~867)는 문에 들어서는 이에게 〈'억!'하고〉 할[喝]을 하였다. 위와 같이 자비를 드리운 것이 만

---

32) 『무문관(無門關)』, 제48칙, 건봉일로(乾峯一路).

일 마음을 깨달음이 없다면 어떻게 〈이렇게〉 밝혀낼 수 있겠는가. 곧바로 종지(宗旨)를 훤하게 밝히고, 깊이 본원을 통달하여 단박에 종지를 밝혔으므로 원교(圓敎)의 점수(漸脩)와는 같지 않다. 그러므로 종통(宗通)이라 했다.

'설통(說通)'은 곧 의통(義通)이다. 12부경을 잘 강설하여 법상의 수를 밝혀 하나하나 요달하여 알아 의심과 오류가 없다. 그러므로 설통(說通)이라 했다.

여기에서 '종지도 통하고 설법도 통함이여'라고 말한 것은 법(法)과 의(義)를 둘 다 통한 것이니, 이 둘을 갖춘 자는 지극히 얻기 어렵다. 그 사람의 법문을 후학들이 그 뜻을 알지 못하여 서로 옳으니 그르니 한다.

전(傳)에 이르기를 "인도〔西天〕에서는 강을 나누어서 물을 마셨고, 중국에서는 선과 율이 서로 비방하였다."라고 하였으니, 이는 법(法)과 의(義), 두 문에 밝지 못해서이다.

규봉(圭峯)이 말하기를 "경이란 먹줄〔繩墨〕과 같으니, 사(邪)와 정(正)을 바르게 하는 것이다. 먹줄이 정교한 것은 아니지만, 정교하게 하는 자는 반드시 먹줄로써 의지를 삼고, 경론(經論)이 선(禪)은 아니지만, 참선하는 자는 반드시 경론으로써 준칙을 삼는다."라고 하였다. 옛 스님이 말하기를 "지금 사람이 옛 가르침을 보고 마음의 시끄러움을 면하지 못하였더라도, 마음의 시끄러움을 면하고자 한다면 반드시 옛 가르침을 보아야 한다."라고 하였다. 전(傳)에 이르기를 "경은 부처님의 말씀〔語〕이요, 선(禪)은 부처님의 마음이니, 부처님의 마음과 말씀[口]은 반드시 서로 어긋나지 않는다."라고 하였다.

영가 대사께서 처음에 천태지자(天台智者)의 교관을 배워 익히다가 후에 지견을 발명하고 조계에 나아가니 육조께서 인가하셨다. 그러므로 이 종지를 깊이 밝혔기 때문에 "종지도 통하고 설법도 통하였다."라고 하였다.

定慧圓明不滯空이니
선정과 지혜가 원만하고 밝아 공(空)에 막히지 않으니

因中엔 謂之止觀이요 果上엔 謂之定慧며 定慧不二를 謂之圓明이라 此圓明之性은 非小乘斷空일새 故曰 不滯空也라하니라 良由一切衆生이 從無量劫來로 爲無明煩惱所醉하야 不能出離生死者는 唯無明昏散所病也라 是以로 聖人이 立止觀二法 治之하니 卽以止止散이나 卽散而寂하고 以觀觀昏이나 卽昏而朗이니 則轉成定慧二法이라 定慧不二를 謂之圓明이니 圓明은 一法也라 此之一法은 諸佛功德이며 無量法財며 妙用無盡이니 皆在圓明華藏海中受用也니라

인중(因中)에서는 지관(止觀)이라 하고, 과상(果上)에서는 정혜

라 하며, 정과 혜가 둘이 아닌 것을 원만하고〔圓〕 밝음〔明〕이라 한다. 이 원만하고 밝은 성품은 소승의 단공(斷空)이 아니기 때문에 "공(空)에 막히지 않는다."라고 하였다.

일체 중생이 무량겁으로부터 무명번뇌에 취(醉)하여 생사에서 벗어나지 못하는 까닭은 오직 무명과 산란에 병들었기 때문이다. 이로써 성인이 지(止)와 관(觀)의 두 가지 법을 세워 다스렸으니, 곧 지(止)로써 산란함을 그치나 산란함에 나아가서 고요해지고, 관(觀)으로써 혼미함을 관하나 혼미함에 나아가서 밝아지니, 〈지와 관을〉 전변하여 정과 혜 두 가지 법을 이루었다.

선정과 지혜가 둘이 아닌 것을 원만하고 밝음이라 하니, 원만하고 밝은 것은 한 법이다. 이 한 법은 제불의 공덕이며, 무량한 법재(法財)며, 묘용의 무진함이니, 모두 원만하고 밝은 화장해(華藏海) 가운데에서 수용하는 것이다.

非但我今獨達了라
恒沙諸佛體皆同이로다
나만 이제 홀로 깨달았을 뿐만 아니라
항하의 모래와 같이 많은 부처님들의 체성 모두 같도다

眞覺 自云 非獨我今에 達了 如上圓明法性이라 乃至恒沙諸佛

의 圓明覺體도 盡皆同也라 故로 經云 不唯我知是相이라 十方佛亦然이라하니라 所言恒沙者는 從喩得名也라 西竺有河하니 名曰 恒河라 此河는 方四十里라 其中有沙하니 沙細如麵이라 世尊說法에 多以此河中沙로 比其數量이어늘 今永嘉 依經而言也니라

영가〔眞覺〕 대사가 스스로 말씀하시기를 "나만 지금 위와 같이 원만하고 밝은 법성을 요달했을 뿐 아니라, 항하의 모래와 같이 많은 부처님들의 원만하고 밝게 깨달은 체성도 모두 다 같다."라고 하였다. 그러므로 경에 이르기를 "나만이 이 모양〔相〕을 알 뿐 아니라, 시방의 부처님도 또한 그렇다."[33]라고 하였다.

'항하의 모래'라 한 것은 비유에서 얻은 이름이다. 인도에 강〔河〕이 있는데, 그 이름을 '항하(恒河: 갠지스 강)'라고 하였다. 이 항하는 사방 40리이며,[34] 거기에 있는 모래는 밀가루처럼 미세하다. 세존께서 설법하실 때 자주 항하의 모래로써 수량을 비유하셨는데, 이제 영가 대사께서 경전에 의거하여 말씀하셨다.

---

33) 『법화경』 「방편품」에 나오는 게송이며, 원문에는 '不'이 없다
34) 갠지스 강은 히말라야 산맥에서 발원하여 남쪽으로 흘러 인도 델리 북쪽에 있는 하르드와르 부근에서 힌두스탄 평야로 흘러들어가는 강으로, 길이는 2,460km이다.

師子吼 無畏說이여
百獸聞之皆腦裂하고
사자후 두려움 없는 말씀이여
온갖 짐승 들으면 모두 뇌가 찢어지고

師子는 爲獸中之王이라 若哮吼一聲하면 群狐屛跡하고 百獸 悉皆腦裂하야 恐怖而走라 以喩大乘菩薩의 所說圓頓法音이 魔宮振動이니라 諸小乘器 不任大法하고 各生疑惑하야 而不悟解라 所以로 華嚴會上에 如聾如瘂하야 不能信受니라 祇如德山은 入門便棒하고 臨濟는 入門便喝하니 能有幾箇承當가

사자는 짐승 가운데 왕이다. 만일 한 번 포효하면 여우들이 발자취를 감추고 온갖 짐승들이 모두 뇌가 찢어지는 듯 두려워하여 달아난다. 이로써 대승보살이 말씀하는 원돈법음(圓頓法音)이 마궁(魔宮)을 진동함에 비유한 것이다.

모든 소승들의 근기가 큰 법을 감당하지 못하고, 제각기 의혹을 내어 깨달아 알지 못한다. 그런 까닭에 그들은 화엄회상에서 귀머거리와 벙어리 같아서 부처님의 말씀을 믿지도 받아들일 수도 없었다. 다만 덕산은 문에 들어오는 이를 〈보면〉 별안간 몽둥이로 때렸고, 임제는 문에 들어오는 이에게 갑자기 할(喝)을 하였으니, 몇 사람이나 그것을 알았을까?

香象奔波失却威요
天龍寂聽生欣悦이로다
코끼리〔香象〕는 바삐 달려 위의를 잃고
하늘 사람과 용왕은 조용히 듣고 기쁨을 내도다

香象은 喩小乘聲聞緣覺定性之人이 不能回心向大하고 所聞圓頓大乘을 不能諦信이라 是以로 法華에 五千이 退席하야 禮佛而去하니 譬若象王이 雖有威德이나 若聞師子吼時면 卽失威奔走일새 故曰 香象奔波失却威也라하니라 天龍寂聽生欣悦者는 諸天龍王이 聞師子吼時엔 心則欣然而悦也라 以喩大乘菩薩之人은 聞佛所說大法하고 心生歡喜踊躍無量이니라 如須菩提 在般若會中하야 聞佛所說般若하고 喜極成悲라 故로 金剛經云 爾時 須菩提가 涕淚悲泣하야 而白佛言호대 希有世尊하 我從昔來에 所得慧眼은 未曾得聞如是之經이라하니 卽其義이니라

'코끼리〔香象〕'는 소승의 성문·연각 정성인(定性人)이 마음을 돌이켜 대승으로 나아가지 않으며, 듣고 〈깨달아야 할〉 원(圓)·돈(頓) 대승(大乘)을 진실로 믿지 않는 데 비유한 것이다. 그러므로 법화〈회상〉에서 오천의 비구가 자리에서 물러나 부처님께 예배하고 떠나갔으니, 그것을 저 큰 코끼리가 비록 위엄과 덕이 있으나 만일 사자가 포효하는 소리를 들을 때에는 곧 위엄을 잃고 바삐

달리는 것에 비유했다. 그러므로 "코끼리는 바삐 달려 위의를 잃는다."고 하였다.

'하늘 사람과 용왕은 조용히 듣고 기쁨을 낸다'라는 것은 모든 하늘과 용왕이 사자의 울부짖음을 들었을 때, 마음이 흔연하여 기뻐한다는 것이니, 대승보살이 부처님께서 말씀하신 큰 법을 듣고 마음에 환희심을 내어 뛸 듯이 기뻐함이 한량없음에 비유한 것이다. 마치 수보리 존자가 반야회중에서 부처님께서 말씀하시는 반야의 지혜를 듣고 기쁨이 지극하여 슬퍼한 것과 같다. 그러므로 『금강경』에 이르기를 "그때 수보리가 눈물을 흘리며 슬피 울면서 부처님께 사루어 말씀하되, 희유(希有)하십니다. 세존이시여! 제가 옛날에 얻은 혜안으로는 일찍이 이와 같은 경은 듣지 못하였습니다."라고 하였으니, 곧 이 뜻이다.

遊江海 涉山川이여
尋師訪道爲參禪이라
강과 바다로 떠돌아다니고 산과 개울을 건너
스승 찾아 도를 묻고 참선하였네

所遊江海하고 涉歷山川하며 途路疲勞하고 奔馳南北은 非爲別事라 乃爲參尋知識하야 決擇死生이니라 所謂無常迅速하고 生

死事大라 古에 投子云 一切世人이 向緊急處하야 却閑慢하고 閑
慢處에 却緊急이라 하니라 若欲出離生死인댄 須遇善知識하야
爲增上緣하야 發明己事이니 實非小緣也니라 所謂靑山長在나
知識難逢이라 故曰 尋師訪道爲參禪也라하니라

강과 바다로 떠돌아다니고 산을 넘고 물을 건너며 도로에서 피로하고, 남북으로 달려가는 것은 다른 일을 위함이 아니라 선지식을 참례하여 생사를 해결[決擇]하기 위함이다. 이른바 "무상이 빠르고 생사의 일이 크다."는 것이다. 옛날에 투자(投子)가 말하기를 "모든 세상 사람들이 긴급해야 할 곳에서 도리어 한가하게 느긋하고, 한가하고 느긋해야 할 곳에서 도리어 긴급해 한다."라고 하였다.

만일 생사에서 벗어나고자 한다면 반드시 선지식을 만나 증상연(增上緣)[35]을 삼아 자기의 일을 발명하여야 하나니, 실로 작은 인연이 아니다. 이른바 청산은 늘 있으나 선지식은 만나기 어렵다는 것이다. 그러므로 "스승 찾아 도를 묻고 참선하노라."라고 하였다.

---

35) 증상연 : 4연(緣)의 하나. 뛰어난 인연. 4연은 인연(因緣)・등무간연(等無間然)・소연연(所緣緣)・증상연(增上緣)등이다.

自從認得曹溪路로
了知生死不相關이로다
조계의 길 알고부터
생사와 상관없음 분명히 알았노라

自從往曹溪六祖 印證心地法門으로 了知一切諸法이 無生無滅
無去無來라 若悟此箇法門이면 則了悟本來生死 不相干涉이라
故云 了知生死不相關也라하니라 若得如此也인댄 妙用無窮하고
通身應物하야 行住坐臥語默作做와 擧動施爲折旋俯仰이 無非
皆在大寂定中하야 明明受用이니 下文에 可見也니라

　　조계 육조를 찾아가 심지법문(心地法門)을 인증 받음으로부터 일체의 모든 법이 생멸이 없고 거래가 없음을 알았다. 만일 이러한 법문을 깨달으면 본래 생사가 서로 간섭하지 않음을 알게 된다. 그러므로 "생사와 상관없음 분명히 알았다."라고 하였다.
　　만일 이와 같이 되었다면 묘용이 무궁하고, 온몸이 사물에 응하여 가고[行] 머무르고[住] 앉고[坐] 눕고[臥] 말하고[語] 침묵하고[默] 짓고[作做] 움직이고[擧動] 어떤 일을 하고[施爲] 좌우로 움직이고[折旋] 구부리고[俯] 우러러 보는[仰] 것이 모두 크게 고요한 선정[大寂定] 중에서 분명하게 수용(受用)하는 것 아님이 없

다. 이것은 아래 글에서 볼 수 있다.

行亦禪 坐亦禪이니
語默動靜體安然이라
다님도 선이요 앉음도 선이니
말하고 침묵하고 움직이고 고요함에 체성이 편안하다

祖宗門下엔 頭頭垂示하고 拍拍齊彰이라 傳曰 念念釋迦出世하고 步步彌勒下生이라 分別은 現文殊之心이요 動用은 運普賢之行이라 門門而皆出甘露요 味味而盡是醍醐라 不出菩提之林하고 長處華藏之海하니 晃晃而無塵不透요 朝朝而溢目騰輝라 豈勞妙辨以宣揚이며 何假神通而顯示리오하니 若如此也인댄 行住坐臥와 觸目遇緣이 雖應用千差나 且眞如之性은 湛然不動이라 故云 行亦禪坐亦禪이요 語默動靜體安然也라하니라

조종의 문하에는 낱낱 사물[頭頭]이 나타내 보이고, 날개를 치듯[拍拍] 일제히 드러낸다. 전(傳)에 이르기를 "생각마다 석가가 세상에 출현하고, 걸음마다 미륵이 하생한다. 분별은 문수의 마음을 나타내고, 동용(動用)은 보현(普賢)의 행(行)을 운전함이니, 문(門)마다 모두 감로를 유출하고, 맛마다 모두 제호(醍醐)이다.

보리의 숲에서 나가지 않고, 늘 화장의 바다에 처하니, 빛나고 빛나 티끌마다 투명하지 않음이 없고, 밝고 밝아서 눈에 넘쳐 빛을 발한다. 어찌 수고로이 묘한 논변으로 선양할 것이며, 어찌 신통력을 빌어 환하게 드러내 보일 것이 있겠는가."라고 하였다.

만일 이러하다면 다니거나 머무르거나 앉거나 눕거나 보이는 것이나 인연을 만나는 것이 비록 응용함이 천차만별이나 진여의 성품은 고요하고 맑아 움직임이 없다. 그러므로 "다님도 선이요, 앉음도 선이니 말하고 침묵하고 움직이고 고요함에 체성이 편안하다."라고 하였다.

縱遇鋒刀常坦坦이요
假饒毒藥也閑閑이로다
비록 칼날을 만나도 언제나 태연하고
설령 독약을 먹게 되어도 또한 한가롭도다

十二時中에 旣動靜이 皆爲佛事니라 假饒有人이 以利刀毒藥으로 加及於我라도 我則坦然閑暇하야 無所畏也니라 故로 靈山會上에 有五百比丘 得四禪定하고 具五神通하야 以宿命智로 各見過去에 殺父殺母及諸重罪하고 於自心中에 各懷疑怖어늘 於是

에 文殊 仗劍持逼如來어늘 世尊이 謂文殊曰 住住하라 不應作
逆이요 勿得害我하라 我必被害니 爲善被害로다 文殊師利여 從
本以來로 無有我人이어늘 但以內心에 見有我人이라 內心起時
에 我必被害니 則名爲害라하니 五百比丘가 自悟本心如夢如幻
하야 於夢幻中에 無有我人과 乃至能生所生父母라 於是에 五百
比丘가 同聲贊言호대 文殊師利大智士여 深達法源底로다 自手
握利劍하고 持逼如來身이라 如劍佛亦爾하야 一相無有二로다
無相無所生이어니 是中云何殺이리오하다 天衣 徵云 作麼生說
箇如劍佛亦爾아하니 若明此箇因緣일새 故로 能縱遇鋒刀常坦
坦이요 假饒毒藥也閑閑也라하니라

온 종일[十二時] 움직이고 고요함이 모두 불사(佛事)이다. 설령 어떤 사람이 예리한 칼과 독약으로 나에게 해를 끼치더라도 나는 태연하고 한가로워서 두려운 것이 없다. 그러므로 영산회상에서 오백 비구가 사선정[36]을 얻고 오신통[37]을 갖추어 숙명지(宿命智)로써 제각기 과거에 부모를 죽인 것과 모든 중죄를 범한 것을 보고서 자신의 마음 속에 각기 의심과 두려운 마음을 품었다. 이때 문수보살이 칼을 가지고 여래에게 가까이 다가서자, 세존께서

---

36) 사선정: 초선의 유심유사정(有尋有伺定), 2선의 무심유사정(無尋有伺定), 3선의 무심무사정(無尋無伺定), 4선의 사념법사정(捨念法事定).
37) 오신통: 천안통(天眼通)·천이통(天耳通)·숙명통(宿命通)·타심통(他心通)·신족통(神足通).

문수에게 말씀하시기를 "멈추어라 멈추어라. 오역죄[38]를 짓지 말고, 나를 해치지 말라. 내 반드시 해(害)를 입을 것이니, 해를 잘 입기 때문이다. 문수사리여! 본래부터 나와 남이 없는 것인데, 다만 마음으로 나와 남이 있는 것으로 본다. 마음이 일어날 때, 내 반드시 해를 입으니, 이것을 해(害)라고 이름한다."라고 하셨다.

오백 비구가 스스로 본래 마음이란 꿈과 같고 허깨비와 같아, 꿈과 허깨비에는 나와 남, 그리고 태어난 나〔能生〕와 태어나게 한 부모〔所生〕도 없음을 알았다. 이에 오백 비구가 같은 소리로 찬탄하여 말하기를 "대지 문수사리 보살이시여! 법의 근원〔法源〕을 깊이 깨달으셨도다. 스스로 손에 예리한 칼을 쥐고 여래의 몸 가까이 다가서셨네. 칼과 같이 부처님 또한 그러하시어 하나의 모양이어서 둘이 없도다. 모양도 없고 태어남도 없는데, 이에 어떻게 죽이겠습니까."라고 하였다

천의 선사가 따져〔徵〕묻기를 "어떤 것을 칼과 같이 부처님 또한 그러하다고 말하는 것인가?" 하였으니, 이 인연을 밝힌 듯하다. 그러므로 "비록 칼날을 만나도 언제나 태연하고, 설령 독약을 먹게 되어도 역시 한가롭다."라고 하였다.

---

38) 오역죄: 소승의 오역죄는 살부(殺父)·살모(殺母)·살아라한(殺阿羅漢)·파화합승(破和合僧)·출불신혈(出佛身血)이고, 대승의 오역죄는 첫째 탑사를 파괴하고, 경상을 불사르고, 삼보의 재물을 훔치는 것, 둘째 삼승법을 비방하고 성교를 경천하게 여기는 것, 셋째 승려를 욕하고 부리는 것, 넷째 소승의 오역죄를 범하는 것, 다섯째 인과의 도리를 믿지 않고 악구, 사음 등의 10불선업을 짓는 것이다.

我師得見然燈佛하사
多劫曾爲忍辱仙이로다
우리 본사(本師)께서 연등불 뵈옵고
여러 겁에 인욕선인 되셨도다

非獨我今修此忍辱이라 乃至十方諸佛 釋迦如來히 盡皆修此忍辱苦行也라 所言然燈佛者는 世尊이 因地爲雪山童子時에 値然燈如來出世하사 將五百金錢하시고 親買蓮華하사 往彼獻佛하시고 願我成等正覺하리라하니 然燈如來 爲其授記하사대 汝於來世에 當得作佛하리니 號는 釋迦牟尼요 說法度人이 與我無異라하니 故云 我師得見然燈佛也라하니라 忍辱仙者는 世尊이 因地爲忍辱仙人하사 在於山中에 修諸苦行이라 値歌利王이 與諸宮人으로 入山遊獵할새 王晝寢時에 諸宮人이 各去遊山이라가 忽見菴中에 有一仙人이 儼然獨坐하고 是諸宮人이 俱來瞻仰하니 王起하야 問諸近臣하되 宮人何在오하니 左右 奏曰 往彼仙人菴所也라하야늘 王이 怒하야 躬自拔劒하야 殺彼仙人하되 於其手足節節支解時에 彼仙人이 神色不動이라 王이 怪而問曰 我今殺汝어늘 汝還瞋否아 答曰 否라 王曰 汝雖不言瞋이나 必懷瞋怒리라 答曰 我心若瞋이면 不得平復이어니와 我心不瞋하야 使我此身으로 平復如故리라 言訖即時에 仙人이 平復如故하니 王見甚異하

고 驚怖而走라가 至於中路에 天降風雨霹靂雲霧하니 迷失道徑하야 終不能去라 廻入山中하야 至仙人所하야 求乞懺悔也라 乃至捨身飼餓虎하고 割肉濟鷹하야 已至種種苦行이 非止一劫이라 故云 多劫曾爲忍辱仙也라하니라

나만 이제 이 인욕을 닦을 뿐만 아니라, 시방 제불과 석가여래에 이르기까지 모두 다 이 인욕의 고행을 닦으셨다. '연등불'이라 말한 것은, 세존께서 인지(因地)에서 설산 동자였을 때 연등여래(燃燈如來)가 세상에 출현함을 만나 오백 금(金)의 돈을 가지고서 몸소 연꽃을 사서 그곳에 가 연등불에게 올리고 "나는 등정각을 이루기를 원합니다."라고 하니, 연등여래가 그를 위해 수기(授記)하되, "너는 내세에 부처가 될 것이니, 호는 석가모니요, 설법하여 사람을 제도함이 나와 더불어 다름이 없다."라고 하셨다. 그래서 "우리 본사가 연등불을 뵈었다."라고 한 것이다.

'인욕선인(忍辱仙人)'이란, 세존께서 인지(因地)에서 인욕선인이 되어 산중에 머무시며 모든 고행을 닦았는데, 가리왕(歌利王)이 여러 궁인들과 함께 산에 들어와 사냥을 하는 것을 만났다. 왕이 낮잠을 잘 때에 여러 궁인들이 제각기 흩어져 산에서 놀다가 문득 암자에 한 선인이 의젓하게 혼자 앉아있는 것을 보고서, 여러 궁인들이 함께 몰려 가 우러러 보았다.

왕이 잠에서 깨어나 가까이 있던 신하에게 "궁인들이 어디에 있느냐?" 하니 좌우 신하가 아뢰기를 "저 신선이 머무는 암자에

갔습니다."라고 하였다. 가리왕은 성이 나서 몸소 칼을 빼들고 그 선인(仙人)을 죽이되, 선인의 손과 발 마디마디를 자를 때, 그 선인은 정신과 얼굴색이 동(動)하지 않았다.

왕이 이상하게 여겨 "내가 지금 그대를 죽이는데, 그대는 화가 나지 않는가?" 하니 "화가 나지 않습니다."라고 대답하였다. 왕이 "그대는 비록 화가 나지 않는다고 말하지만, 반드시 화냄을 품고 있을 것이다."라고 하니 대답하기를 "내 마음이 만일 화를 냈다면 나의 몸이 다시 회복되지 않을 것이오, 내 마음이 화내지 않았다면 나의 이 몸이 예전처럼 회복하게 될 것입니다."라고 하였다.

그 말을 마치자, 곧바로 선인의 몸이 예전처럼 회복되었다. 왕이 그것을 보고 매우 이상하게 여겨 놀라고 두려워 달아나다가 도중에 하늘에서 바람·비·뇌성·벽력·구름·안개가 내리니, 혼미하여 길을 잃어 마침내 갈 수 없었다. 산중으로 다시 돌아와 선인이 있는 곳에 이르러 참회하기를 구하였다.

몸을 버려 굶주린 범에게 먹이고, 살을 베어 매를 구제하는 등 갖가지의 고행이 한 겁에 그치지 않았다. 그러므로 "여러 겁에 인욕선인이 되셨다."라고 하였다.

幾回生 幾回死오
몇 번이나 태어나고 몇 번이나 죽었던가

此並下句라

이것은 아래 구절과 함께 해석한다.

生死悠悠無定止라
생사가 아득하여 그침이 없도다

此는 乃眞覺傷歎之辭也라 未發菩提心 已前에 經無量劫토록 受無量身하야 生死海中에 浪自出沒하야 無有了時라 於不遷境上에 空受輪廻하고 向無脫法中하야 妄生纏縛하니 如春蠶之作繭이요 似秋蛾之赴燈이라 以二見之絲로 纏無明之質하고 以無明貪愛之翅로 撲生死之火輪하야 從生至死히 無有休息일새 如繩繫飛鳥에 放去又還來라 故云 幾回生幾回死오 生死悠悠無定止也라하니라

이것은 영가〔眞覺〕 대사가 슬퍼하고 탄식한 말이다. 보리심을 내기 이전에 무량겁을 지내도록 한량없는 몸을 받아 생사의 바다에서 부질없이 스스로 나고 죽어 마칠 때가 없었다. 변천하지 않는 경계에서 부질없이 윤회를 받고, 벗어날 것이 없는 진리 속에서 허망하게 얽히고 묶이니, 마치 봄누에가 고치를 짓는 것과 같고, 가을나방이 등불로 달려드는 것과 같다.

두 견해〔二見〕의 실로써 무명의 바탕을 얽어매고, 무명과 탐애의 날개로써 생사의 불바퀴를 쳐서 태어나서 죽을 때까지 쉼이 없나니, 마치 줄에 묶인 나는〔飛〕 새가 놓아주어도 다시 돌아오는 것과 같다. 그러므로 "몇 번이나 태어나고 몇 번이나 죽었던가, 생사가 아득하여 그침이 없도다."라고 하였다.

自從頓悟了無生이면
於諸榮辱何憂喜아
단박에 깨침으로부터 무생을 요달하면
모든 영화로움과 욕됨에 어찌 근심과 기쁨이 있겠는가

自從頓悟로 了一切法皆悉無生하면 則於諸榮辱之境에 有何憂喜리오 良由至人은 於生死界內에 得其自在故로 寒山詩云 莊生說送終하되 天地爲棺槨이라하니 吾歸此有時이니 唯須一番泊이

리라 死作餒靑蠅이리니 吊不勞白鶴이라 餓着首陽山이여 生廉死
亦樂이로다 하였으니 若得其旨면 卽頓悟了無生也라 於諸榮辱何
憂喜者는 旣能頓悟無生하야 生死에 尙得自在니 卽知榮辱之境
이면 則可外矣니라 榮辱旣忘이면 憂喜之心이 從何而有也오

단박에 깨침으로부터 일체 법이 모두 무생(無生)임을 요달하면
모든 영화로움과 욕됨의 경계에 어찌 근심과 기쁨이 있겠는가.
참으로 도인〔至人〕은 생사의 경계에 자재함을 얻기 때문에 한산
(寒山) 시에서 다음과 같이 말하였다.

莊生說送終	장자가 죽은 이 장례 지내며 말하되
天地爲棺槨	하늘과 땅으로 관을 삼는다 하였네.
吾歸此有時	나도 돌아갈 때가 있으니
唯須一番泊	오직 한 번 쉬리라.
死作餒靑蠅	죽으면 굶주린 쉬파리 생기리니
吊不勞白鶴	조문으로 백학 수고롭게 하지 않으리.
餓着首陽山	수양산에서 굶주림이여
生廉死亦樂	살아서 청렴하고 죽어서도 즐거우리라.

만일 그 종지를 터득하면 단박에 무생(無生)을 깨칠 것이다.
'모든 영화로움과 욕됨에 어찌 근심 기쁨이 있으랴'라는 것은
이미 단박에 무생(無生)을 깨쳐 생사에 오히려 자재함을 얻었다

는 것이니, 곧 영화로움과 욕됨의 경계를 요달하면 이를 벗어날 수 있다. 영화로움과 욕됨을 잊어버리면 근심과 기쁨의 마음이 어디에 있겠는가.

入深山 住蘭若여
岑崟幽邃長松下라
깊은 산 들어가 난야(蘭若: 寺院)에 머무르니
높은 산 그윽한 곳 낙락장송 아래더라

入深山者는 則非鬧之處也라 住蘭若者는 具足應云阿蘭若니 卽僧舍也라 岑崟者는 山之高貌也요 長松下者는 卽物外優遊之 地也라 見性之人은 隨緣度日하고 任性逍遙이니 或入深山하고 或居岩谷하야 隨處建立하고 應物無方하야 無不可也라 白雲靑 嶂과 松下水邊이 皆道人之境界也니라

'깊은 산으로 들어간다〔入深山〕'는 것은 시끄럽지 않은 곳으로 들어간다는 것이다. '난야에 머문다〔住蘭若〕'는 것은 구체적으로 말하면 '아란야(阿蘭若)'이니, 곧 승려의 집이다. '높은 산〔岑崟〕'이란 산이 높은 모양이다. '낙락장송 아래〔長松下〕'란 세속 밖에서 노니는〔優遊〕 곳이다.

견성한 사람은 인연 따라 세월을 보내고 성품에 맡겨 노니나
니, 때로는 깊은 산으로 들어가고, 때로는 바위 골짜기에 살면서
곳에 따라 세우고 사물에 응하여 맞지 않는 데가 없다. 흰 구름
과 푸른 봉우리, 소나무 아래와 물가가 모두 도인의 경계이다.

優遊靜坐野僧家하니
閴寂安居實蕭洒로다
산야와 승가에서 노닐며 정좌하니
고요한 안거 참으로 맑고 깨끗하도다

優遊者는 不拘繫之貌也라 出家之士 識心達本하야 優遊三界하
고 脫洒四生하야 不爲塵勞縈絆하고 逍遙自在하야 靜坐安居일새
故雪竇云 出家兒得與麽尊貴아 得與麽高上가 萬乘位高而不揖
하고 五侯門峻而不趨니라 目對千山에 心閑一境이라 重重嵓樹
는 垂陰善吉之門이요 疊疊溪雲은 布彩維摩之室이라 此中相見
하니 豈不快哉也아 하니라

'노닌다〔優遊〕'는 것은 얽매이지 않은 모양이다. 출가한 승려가
마음을 알고 근본을 요달하여 삼계에 노닐고, 사생(四生)을 벗어
나 세속의 일에 얽매이지 않고 소요자재하여, 고요히 앉아 안거

하는 것이다. 그러므로 설두 선사(980~1052)가 말하기를 "출가한 승려가 그렇게도 존귀할까? 그렇게도 고상할까? 만승 천자의 지위가 높아도 허리를 굽히지 않고, 다섯 제후의 문이 고준하여도 달려가지 않는다. 눈으로 천(千) 산을 대하여도 마음은 한 경계에 한가롭다. 겹겹의 바위와 나무는 수보리(善吉)의 문에 그늘을 드리우고, 첩첩한 시내의 구름은 유마의 집에 채색을 펼쳤다. 이곳에서 서로 보니 어찌 쾌활하지 않으랴."라고 하였다.

覺則了 不施功이니
一切有爲法不同이라
깨닫고 나면 공(功)을 베풀지 않나니
일체 유위법과 같지 않다

覺了一切諸法이면 卽不施有爲功行也라 有爲功行은 非究竟也니라 故로 寒山云 我見轉輪王하니 千子常圍遶라 十善化四天하니 莊嚴多七寶라 七寶鎭隨身하니 莊嚴甚妙好라 一朝福報盡이면 猶若栖蘆鳥하야 還作牛領蟲하야 六趣受業道은 況復諸凡夫 無常豈長保리오하니 以此而知컨대 有功之功은 功皆無常이요 無功之功은 功不虛棄라 故云 一切有爲法不同也라하니라

일체의 모든 법을 깨닫고 나면 유위(有爲)의 공행(功行)을 베풀지 않는다. 유위의 공행은 구경법〔究竟〕[39]이 아니다. 그러므로 한산이 다음과 같이 말하였다.

我見轉輪王	내 전륜왕을 보니
千子常圍繞	천 명의 아들에게 항상 에워싸여 있네.
十善化四天	십선(十善)[40]으로 사천(四天)[41]을 교화하니
莊嚴多七寶	수많은 칠보로 장엄했네.
七寶鎭隨身	칠보가 늘 몸에 따르니
莊嚴甚妙好	장엄함이 매우 묘하고 아름답네.
一朝福報盡	하루아침에 복(福)의 과보가 다하면
猶若栖蘆鳥	마치 갈대에 서식하는 새와 같이
還作牛領蟲	다시 소 목덜미의 벌레가 되어
六趣受業道	육취(六趣)의 업도(業道)를 받게 되네.
況復諸凡夫	더구나 저 모든 범부들
無常豈長保	무상한 〈업보의 몸〉, 어찌 길이 보존하랴.

---

39) 구경(究竟) : 최상·필경·구극의 뜻이다.
40) 십선(十善) : 불살생(不殺生)·불투도(不偸盜)·불사음(不邪婬)·불망어(不妄語)·불양설(不兩舌)·불악구(不惡口)·불기어(不綺語)·불탐욕(不貪欲)·부진에(不瞋恚)·불사견(不邪見).
41) 사천(四天) : 사왕천(四王天)의 준말. 사왕천은 욕계 육천의 하나로 수미산 중턱에 있으며 지국천, 증장천, 광목천, 다문천 등 네 하늘이다. 이 하늘의 왕은 제석천을 섬기며 불법에 귀의한 사람들을 보호한다.

이로써 미루어 알건대, 공력을 들인 공(功)은 그 공이 모두 무상하고, 공력을 들임이 없는 〈본성의〉 공은 그 공이 헛되이 버려지지 않는다. 그래서 "일체의 유위법과 같지 않다."라고 하였다.

住相布施生天福이나
猶如仰箭射虛空이라
상(相)에 머문 보시는 천상에 나는 복이나
마치 우러러 허공에 화살을 쏘는 것과 같다

住相布施者는 不與般若相應하야 爲着相故로 成有爲功行하야 非究竟이라 故로 古德云 若般若不修하고 萬行虛設이면 所修功行이 不能稱性也라하니라 所言布施者는 運心廣大謂之布요 推己惠人謂之施라 故曰 布施也라하니 卽六度之一度也라 生天福者는 所感果報 祇生天之福也요 終非究竟이라 譬如仰箭射空이나 終不至天也니라

'상(相)에 머물러 보시한다'는 것은 반야와 상응하지 않아 상에 집착하기 때문에 유위의 공행을 이루어 구경법이 아님을 말한 것이다. 그러므로 옛 스님이 말하기를 "만일 반야를 닦지 않고 만행을 헛되이 베풀면 닦는 공행(功行)이 본성에 맞지 않는다."라

고 하였다.

'보시'라고 한 것은, 마음을 넓고 크게 쓰는 것을 보(布)라 하고, 자기를 미루어 남에게 은혜롭게 하는 것을 시(施)라 한다. 그러므로 '보시'라고 하였으니, 육바라밀〔六度〕의 하나다.

'하늘에 태어나는 복'이라는 것은 얻은 과보가 천상에 태어나는 복일 뿐이고, 구경법은 아니라는 것이다. 비유하자면 허공을 우러러 화살을 쏘나, 마침내 하늘에 이르지 못하는 것과 같다.

勢力盡 箭還墮니
招得來生[42]不如意로다
세력이 다하면 화살이 떨어지나니
내생(來生)에 뜻과 같지 않은 과보 부르도다

仰箭射空이면 勢力旣盡에 終墜於地라 人天福謝도 亦復如是니라 所謂人間四相과 天上五衰는 皆福謝之相也라 所言四相者는 一은 生相이요 二는 老相이요 三은 病相이요 四는 死相也며 五衰者는 一은 花冠墮地요 二는 目睫瞤動이요 三은 眷屬離散이요 四

---

[42] 『선종전서』본 세주에 "原註 當來或作來生"이라 했다. 여기에서는 '招得當來'를 따라 해석하였다.

는 身光自滅이요 五는 不樂本官也라 招得來生不如意者는 古德云 人天福報 爲三生冤이라 하야늘 人罕知之라 良由世人이 因其福力하야 不明其本일새 就上增添이니라 以此로 世福을 恣情娛樂이라가 臨命終時에 福盡業在하야 返墮惡道하야 受種種苦라하니 故云 招得來生不如意也라하니라

우러러 허공에 화살을 쏘면, 그 세력이 다하고 나면 결국 땅에 떨어진다. 인천(人天)의 복이 사라짐도 또한 이와 같다. 이른바 인간의 사상(四相)과 천상의 오쇠(五衰)는 모두 복이 사라지는 모습이다. '사상(四相)'이라는 것은 첫째 태어나는 모습[生相], 둘째 늙는 모습[老相], 셋째 병드는 모습[病相], 넷째 죽는 모습[死相]이다. '오쇠(五衰)'란 첫째 화관(花冠)이 땅에 떨어지는 것[花冠墮地], 둘째 눈꺼풀이 떨리는 것[目睫瞤動], 셋째 권속이 떠나 흩어지는 것[眷屬離散], 넷째 몸의 빛이 저절로 없어지는 것[身光自滅], 다섯째 본래의 관직을 즐거워하지 않는 것[不樂本官]이다.
'내생에 뜻과 같지 않은 과보를 부른다'는 것은, 옛 스님이 말하기를 "인천의 복보(福報)는 삼생의 원수가 된다."라고 하였는데, 이것을 아는 사람이 적다. 세상 사람이 복력으로 인하여 그 근본을 밝히지 못하기 때문에 그 복 위에 나아가서 〈업만〉 더한다. 그러므로 세상의 복을 마음껏 즐기다가 목숨이 다할 때에 복은 다 없어지고 업만 남아 악도(惡道)에 도로 떨어져 갖가지의 괴로움을 받는다는 것이다. 그러므로 "내생에 뜻과 같지 않은 과보를

부른다."라고 하였다.

爭似無爲實相門에
一超直入如來地아
어찌 무위의 실상문에
한 번 뛰어 여래지에 바로 들어가는 것만 같으랴

故知하라 諸位小乘과 人天福報는 有爲之法이니 皆非究竟也라 爭似無爲實相門에 一超直入如來〈地〉아라는 淸淨覺地의 此之一路는 從來千聖이 不曾踏着하고 向第二門中이나 略憑言說일새 所以로 西竺初祖云 法本法無法이요 無法法亦法이라 今付無法時에 法法何曾法이리오하니 則法法絶待하야 盡皆照體獨立이라 如指不自觸이요 如刀不自割이요 如地不自堅이요 如水不自濕이요 如火不自熱이요 如風不自動이요 如耳不自聞이요 如鼻不自嗅요 如舌不自味요 如身不自覺이요 如意不自知요 如眼不自見이라 所以로 云 若眼作眼解면 則生眼倒요 若眼作無眼解면 則生無眼倒요 若執有眼이면 卽迷其無眼이니 由有眼故로 則妙見不通이라하니 故經云 無眼無色이라하니라 復有迷眼作無眼者는 卽失其眞眼이니 如生盲人不能辨色이니라 故經云 譬如眼敗之士 其於五色에 不能復利하니 諸聲聞人도 亦復如是요 唯其如

來 得眞天眼하사 常在三昧하야 悉見諸佛國土에 以不二見故로
卽不同凡夫所見하고 悉能見故로 不同聲聞所見이라하니라 不同
凡夫所見을 謂之超凡이요 不同聲聞所見을 謂之越聖이라 旣能
超凡越聖하니 卽達佛之知見이라 故로 云 一超直入如來地也라
하니라

그러므로 알아라. 모든 지위의 소승과 인천(人天)의 복보(福報)
는 유위법이요, 모두 구경법이 아니다. '어찌 무위의 실상문에 한
번 뛰어 여래지에 바로 들어가는 것만 같겠는가'라는 청정각지의
이 한 길〔一路〕은 예전부터 많은 성인들이 일찍이 밟지 못하고, 대
략 제2문에서 언설에 의지하였다. 그런 까닭에 인도의 초조(初
祖)인 〈가섭 존자가〉 다음과 같이 말하였다.

法本法無法	법은 본래 법이므로 법이 없나니
無法法亦法	법이 없다는 법도 역시 법이다.
今付無法時	이제 법마저 없음을 전할 때에
法法何曾法	법과 법이 어찌 일찍이 법이겠는가.

법과 법은 상대(相待)가 끊어져 모두 다 비추는 체성〔照體〕이
독립한 것이다. 마치 손가락이 스스로를 접촉하지 못하는 것과
같고, 칼이 스스로를 베지 못하는 것과 같고, 땅이 스스로를 견
고하게 하지 못하는 것과 같고, 물이 스스로를 적시지 못하는 것

과 같고, 불이 스스로를 뜨겁게 하지 못하는 것과 같고, 바람이 스스로를 움직이지 못하는 것과 같고, 귀가 스스로를 듣지 못하는 것과 같고, 코가 스스로를 냄새 맡지 못하는 것과 같고, 혀가 스스로를 맛보지 못하는 것과 같고, 몸이 스스로를 느끼지 못하는 것과 같고, 뜻이 스스로를 알지 못하는 것과 같고, 눈이 스스로를 보지 못하는 것과 같다.

그런 까닭에 "만약 눈이 눈이라는 견해를 지으면 눈의 전도(顚倒)를 낳고, 만약 눈이 없다는 견해를 지으면 곧 눈이 없다는 전도를 낳고, 만약 눈이 있다고 집착하면 곧 눈이 없음을 미혹하나니, 눈이 있기 때문에 묘하게 봄을 통하지 못한다."라고 하였다. 그러므로 경에 이르기를 "눈도 없고 물질〔色〕도 없다."라고 하였다.

또 눈을 미혹하여 눈이 없다고 생각하는 자는 곧 그 참 눈을 잃어버리는 것이니, 마치 선천적인 맹인〔生盲〕이 색을 분별할 수 없는 것과 같다. 그러므로 경에 이르기를 "비유하자면 눈을 잃은 사람이 오색에 대하여 다시는 잘 볼 수 없는 것처럼, 모든 성문인(聲聞人)도 역시 그러하다. 오직 여래만이 참다운 하늘의 눈을 얻어 항상 삼매에 계시면서 모든 부처님 국토를 다 볼 적에 두 견해를 쓰지 않기 때문에 범부의 보는 바와는 같지 않고, 모두 다 볼 수 있기 때문에 성문의 보는 바와도 같지 않다."라고 하였다

범부의 견해와 같지 않은 것을 '범부에서 초월했다'라고 하고, 성문의 보는 바와 같지 않은 것을 '성인에서 초월했다'라고 한다.

이미 범부도 초월하고 성인도 초월했으니 곧 불지견을 요달한 것이다. 그러므로 "한 번 뛰어 여래지에 바로 들어가는 것."이라고 하였다.

但得本 莫愁末이니
如淨瑠璃含寶月이라
다만 근본을 얻을지언정 지엽은 근심하지 말라
깨끗한 유리가 보배 달 머금은 것과 같네

若得其本인댄 末可知也니라 古德云 今之講者는 偏彰漸義하고 禪者는 唯播頓宗하니 禪講相違가 胡越之隔이라 由是로 人與法差하고 法與人病하야 佛意本末難見이며 散義浩博難尋이라 然而泛學雖多나 秉志極少라하니 以本接末이면 則可知矣라 故云 但得本莫愁末也라하니라 如淨琉璃含寶月者는 琉璃는 喩法身妙境이요 寶月은 喩解脫眞智라 境智冥合하야 瑩徹十方하고 爍爍靈光하야 騰今騰古가 猶如琉璃盤內에 更盛明月也니라

만일 그 근본을 얻으면 지엽적인 것은 알 수 있다. 옛 스님이 말하기를 "오늘날 강학을 하는 자는 오로지 점수(漸修)만을 나타내고, 참선을 하는 자는 오직 돈종(頓宗)만을 전파하니, 선(을 참

구하는 이와〉 교〈를 강하는 이〉가 서로 어긋남이 〈북쪽의〉 호(胡)나라와 〈남쪽의〉 월(越)나라가 서로 멀리 떨어진 것과 같다. 그러므로 사람과 법이 어긋나고 법과 사람이 병들어 부처님 뜻의 본말은 보기 어렵고 자질구레한 뜻〔散義〕은 넓고 많아서 찾기 어렵다. 그리하여 평범하게 배우는 사람은 많지만 뜻을 잡은 이는 지극히 적다."라고 하였으니, 근본을 가지고 지엽을 접하면 알 수 있는 것이다. 그러므로 "근본을 얻을지언정 지엽은 근심하지 말라."라고 하였다.

'깨끗한 유리가 보배 달 머금은 것과 같다'에서 유리는 법신의 오묘한 경계를 비유한 것이요, 보월(寶月)은 해탈의 참 지혜를 비유한 것이다. 경계와 지혜가 명합(冥合)하여 시방(十方)에 밝게 사무치고, 밝게 빛나는 신령한 광명이 고금에 비등(飛騰)함이 마치 유리 소반에 다시 밝은 달을 담은 것과 같다.

我今解此如意珠어니
自利利他終不竭이로다
내, 이제 여의주를 아나니
나와 남을 이롭게 하여 마침내 다함이 없다

如意珠者는 摩尼寶珠也니라 唯此一珠 具諸功德하야 於諸寶中

에 此寶爲上이라 利用如意하니 可喩心寶也니라 經云 獨王頂上에 有此一珠하니 不妄與人이라하니 此之一寶 非從外得이나 但猶一切衆生은 妄念蓋覆하야 不能明現이니라 古德云 譬如衣下明珠는 雖明不照가 似宅中寶藏하야 似有如無라하니라 今日永嘉 解此一珠하야 賑濟有情호대 用無窮盡일새 故云 終不竭也라 하니라

'여의주'란 마니보주(摩尼寶珠)다. 오직 이 하나의 구슬에 모든 공덕이 갖추어져 있어 여러 보배 가운데 이 보배가 으뜸이 된다. 이용(利用)함이 뜻과 같이 되므로〔如意〕 마음 보배에 비유한 것이다. 경에 이르기를, "유독 왕의 정수리 위에 이 한 구슬만 있으니 망령되이 사람에게 주지 않는다."라고 하였으니, 이 하나의 보배는 밖에서 얻는 것이 아니지만, 다만 일체 중생은 망념에 뒤덮여 밝게 나타나지 못할 뿐이다. 옛 스님이 말하기를 "비유하자면 옷 속의 밝은 구슬은 비록 밝으나 비추지 못하는 것이 집 안의 감추어진 보물처럼 있어도 없는 것과 같다."라고 하였다.

이제 영가 대사께서 이 하나의 구슬을 깨달아 알아서 중생들을 제도하되 아무리 써도 다함이 없으므로 "마침내 다함이 없다."라고 하였다.

江月照 松風吹여
永夜淸霄何所爲아
강에 달 비치고 소나무에 바람 불이여
긴긴 밤 맑은 하늘 무슨 할 일 있으랴

入夜月華牕底白이요 有時松韻枕根淸이로다 此箇消息은 設使
千聖出興하야 具無碍辨才라도 也說不及이라 放一線道하야 且
向建化門中하야 略憑話會하야 强而言之댄 此是文殊普賢의 大
人境界라 一切衆生은 雖生其中이나 而不自知요 諸小乘人은 不
能趣向也니라 此之境界는 不凡不聖이라 雖難可見이나 秪在目
前이라 山高海濶이요 栢短松長이라 柳綠花紅이요 鶯吟鶴唳로다
江月照松風吹하니 永夜淸霄何所爲아 若是本分道人인댄 一覺
直到天曉也리라

  밤이 되니 달빛 창 아래 밝고, 때로는 솔바람 소리 베개 밑에
맑도다. 이러한 소식은 설령 천 명의 성인이 나와서 걸림없는 변
재(辨才)를 갖추었을지라도 말로는 미칠 수 없다. 한 줄기 길을
틔어, 우선 건화문(建化門)[43]에서 간략히 말에 의지해 억지로 말하

---

43) 건화문(建化門): 중생을 교화하는 문.

자면, 이것은 문수보현의 대인 경계이다. 일체 중생은 비록 그 가운데 살고 있으나 스스로 알지 못하고, 모든 소승인은 〈그에〉 나아갈 수 없다.

이 경계는 범부의 경계도 아니고, 성인의 경계도 아니다. 비록 보기 어려우나, 다만 목전에 있을 뿐이니, 산은 높고 바다는 넓으며 잣나무는 짧고 소나무는 길다. 버들은 푸르고 꽃은 붉으며 앵무새는 읊조리고 학은 운다. 강엔 달 비치고 소나무엔 바람 붊이여, 긴긴 밤, 맑은 밤에 무슨 할 일 있으랴. 만약 본분도인이라면 한 번 깨달음에 곧바로 하늘이 밝음에 도달하리라.

佛性戒珠心地印이요
霧露雲霞體上衣로다
불성 계주는 심지의 도장이요
안개·이슬·구름·노을은 몸 위의 옷이다

般若 是一法이어늘 佛說種種名이라 或謂之佛性이요 或謂之戒珠요 或謂之心地요 或謂之心印이나 皆一法也니 隨其功用하야 各得異名이라 能覺知故로 名曰佛性이요 瑩淨無垢하니 名曰戒珠요 能生諸法하니 名曰心地요 號令群品하니 名之曰印也라하니라 雖有三名이나 而無三法이라 以此而推컨댄 森羅萬象과 觸目

遇緣과 器界山河 皆同一體하니 霧露雲霞도 盡非他物이라 故曰
霧露雲霞 體上衣也라하니라

반야는 하나의 법인데, 부처님께서 여러 가지 이름으로 말씀하
셨다. 혹은 불성(佛性)이라 하고, 혹은 계주(戒珠)라 하고, 혹은
심지(心地)라 하고, 혹은 심인(心印)이라 말씀하셨으나 모두 동일
한 법이니, 그 공용(功用)에 따라서 각각 다른 이름을 얻은 것이
다. 능히 깨달아 알기 때문에 불성이라 하였고, 밝고 맑아 때가
없기 때문에 계주(戒珠)라 하였고, 모든 법을 내기 때문에 심지
(心地)라 하였고, 중생[群品]들을 호령(號令)하기 때문에 인(印)이
라 하였다. 비록 세 가지 이름이 있으나 세 가지 법은 없다.
　이로 미루어 보건대 삼라만상과 보이는 것[觸目]과 만나는 것
[遇緣]과, 세계의 산하(山河)가 모두 동일한 체성이다. 안개·이
슬·구름·노을도 모두 다른 물건이 아니므로 "안개·이슬·구
름·노을은 몸 위의 옷이다."라고 하였다.

降龍鉢 解虎錫이여
용을 항복받은 발우와 범 싸움 말린 석장이여

鉢盂錫杖은 皆道具之名也니 鉢盂는 卽應量器也요 錫杖者는 振

作錫聲也라 所言降龍鉢解虎錫者는 各隨緣起而得名이라 降龍鉢者는 因世尊降火龍外道也라 昔者에 有三迦葉하니 投佛出家라가 退失道心하야 侍火龍外道어늘 佛觀其根性旣熟하고 卽往度之할새 爾時에 往彼求宿이러니 時에 迦葉言하되 此無空室可宿이요 唯有火龍石窟이어늘 還可宿否아 佛往彼宿하시다 是時中夜에 火龍現通하야 鼻中出烟하고 鱗甲生火하야 逡巡熾然하야 欲害於佛한대 爾時에 世尊이 卽起慈心하사 現三昧火하사 漸漸明瑩한대 火龍 毒火가 返自燒身하야 無處逃避라 唯見世尊寶鉢之中에 淸凉廣大하고 乃自投身하야 入於鉢內라 故名降龍鉢也니라 解虎錫者는 始因高僧稠禪師 在懷州王屋山하야 習定이라가 見二虎鬪하고 卽以錫杖以中하야 解之二虎하야 各自分去하야 遂此名焉이라 故云 降龍鉢解虎錫也라

발우와 석장은 다 도구의 명칭이니, 발우는 응량기(應量器)[44]이며 석장은 주석 고리가 달린 지팡이로 떨쳐서 소리를 내는 것이다.

'용을 항복 받은 발우와 범 싸움 말린 석장'이란 각각 인연을 따라 일어난 일에서 얻은 이름이다. '용을 항복 받은 발우'란 세존께서 화룡외도(火龍外道)를 항복 받은 데서 기인한 것이다. 옛날에 세 가섭이 있었는데, 부처님께 귀의하여 출가하였다가 도심

---

44) 응량기(應量器): 양에 맞추어 음식을 담아 먹는 그릇.

을 잃고서 화룡을 섬기는 외도가 되었다. 부처님께서 그들의 근성(根性)이 이미 성숙된 것을 보시고 곧 그들을 찾아가 제도하려 하셨다. 그때 그들이 있는 곳에 가서 유숙할 곳을 구하자 당시 가섭이 말하기를 "여기에는 주무실 만한 빈 방이 없고, 화룡석굴(火龍石窟)뿐입니다. 그래도 주무시겠습니까?"라고 하니, 부처님께서 그 곳에서 유숙하셨다. 한밤중에 화룡이 신통을 나타내어, 콧구멍에서는 연기가 나오고 비늘에서는 불이 나와 치열한 불덩어리가 되어 주변을 돌면서 부처님을 해치려고 하였다. 그때 세존께서 곧바로 자비의 마음을 일으켜 삼매화(三昧火)를 나타내어 점점 밝게 비추시자, 화룡의 독한 불이 도리어 제 몸을 불태워 도망칠 곳이 없었다. 오직 세존의 발우 속이 맑고 시원하며 넓고 큰 것을 보고서 스스로 몸을 던져 발우 속으로 들어갔다. 그러므로 '용을 항복 받은 발우〔降龍鉢〕'라 하였다.

'범 싸움 말린 석장'이란 고승 혜조 선사(慧稠禪師, 480~560)가 회주 왕옥산(懷州 王屋山)에서 선정을 익히다가 두 범이 싸우는 것을 보고서 석장을 가지고 그 가운데에 넣어 떼어 놓아 각각 스스로 떨어져 되돌아가도록 하였던 인연으로 하여 마침내 처음으로 이렇게 이름하게 되었다. 그러므로 "용을 항복 받은 발우와 범 싸움 말린 석장이여."라고 하였다.

兩鈷金鐶鳴歷歷은
두 큰 고리〔鈷〕에 달린 여섯 개의 쇠고리〔金鐶〕
또렷이 울림은

兩鈷者는 表眞俗二諦也며 六鐶者는 表六波羅蜜也며 中心은 表中道也라 鳴歷歷者는 振錫之聲이니 上士聞之면 卽可入道니라 小乘錫杖은 卽四鈷十二鐶也이니 四鈷는 表四諦요 十二鐶은 表十二因緣이며 中心浮圖는 表住持三寶也라 忽若在衲僧手中인댄 何如表示오 祇如大師當時에 持往曹溪하야 親見六祖에 遶禪床三匝하고 大振一下인댄 且道하라 成得什麼邊事아 明眼衲僧은 試定當看하라

　'두 큰 고리〔鈷〕'는 진(眞)·속(俗) 이제(二諦)를 나타낸 것이고, '여섯 개의 쇠고리〔六鐶〕'는 육바라밀을 나타낸 것이며, 중심(中心)은 중도(中道)를 나타낸 것이다. '또렷이 울린다'는 것은 석장을 떨칠 때 나는 소리니, 상근대지〔上士〕가 그 소리를 들으면 바로 도에 들어갈 수 있다.
　소승의 석장은 네 큰 고리〔四鈷〕에 〈각각 세 개의 작은 고리가 달려〉 열두 개의 쇠고리〔十二鐶〕로 되어 있으니, 네 큰 고리는 사제를 나타낸 것이고, 열두 개의 쇠고리는 십이인연을 나타낸 것

이며, 중심의 부도(浮圖: 탑 모양)는 주지삼보(住持三寶)⁴⁵⁾를 나타낸 것이다.

만일 납승의 수중에 들어가 있다면 어떻게 나타내 보일까. 다만 저 영가 대사께서 당시에 석장을 가지고 조계에 가서 육조를 친견할 때에 선상(禪床)을 세 바퀴 돌고, 크게 떨쳐 한 번 내려쳤으니, 말해 보아라. 어느 쪽 일을 이루어 냈는가. 눈 밝은 납승은 시험삼아 정당(定當)하게 보아라.

不是標形虛事持라
如來寶杖親蹤跡이로다

이것은 모양을 내려고
헛되이 가지고 다니는 것이 아니라
부처님께서 보배 지팡이를 가지고 다니시던
그 자취를 친히 따른 것이로다

不是外現威儀하고 標其形體하야 虛然自謂任持也라 故로 寶公 云 丈夫運用堂堂하야 逍遙自在無方하며 一切不能爲害하고 堅

---

45) 주지삼보(住持三寶): 후세에 불법을 유지시켜 전해 나아가게 하는 삼보로서, 불상(佛像)과 경전(經典)과 출가(出家)의 비구(比丘)가 이에 해당한다.

固猶若金剛이라하니 豈虛事持耶아 如來寶杖親蹤跡者는 經云
佛告比丘하사대 汝等은 應受持錫杖하라 所以者何오 過去如來
와 現在諸佛이 皆執持故라하니 爲聖人表幟也라 故曰 如來寶杖
親蹤跡也라하니라 如或不薦이면 問取德山老人하라

이것은 밖으로 위의를 나타내거나 그 모습을 드러내려고 지녀
야 할 것임을 공연히 스스로 말한 것은 아니다. 그러므로 보공
(寶公)이 말하기를 "대장부가 석장을 지니고 다니면 당당하여 어
느 곳에서나 자유롭게 노닐며, 온갖 것들이 그를 해칠 수 없고
견고함이 금강과 같다."라고 하였으니, 어찌 공연히 석장을 가지
고 다니겠는가.

'부처님께서 보배 지팡이를 가지고 다니시던 그 자취를 친히
따른 것'이란, 경에 이르기를 "부처님께서 비구에게 이르시기를,
너희는 석장을 받아 지니도록 하라. 왜냐하면 과거 여래와 현재
모든 부처님께서 모두 가지고 다녔기 때문이다."라고 하였으니,
성인을 나타내는 기치(旗幟)로 삼은 것이다. 그러므로 "부처님께
서 보배 지팡이를 가지고 다니시던 그 자취를 친히 따른 것."이
라고 하였다. 만일 알지 못하면 덕산(德山宣鑑, 782~865) 노인에
게 물어보라.

不求眞 不斷妄이여
了知二法空無相이라
참됨도 구하지 않고 망상도 끊지 않음이여
두 법이 공하여 모양 없는 줄 앎이로다

不求眞故로 越凡夫法也요 不斷妄故로 越二乘法也니라 二乘之人은 棄妄求眞하고 斷煩惱求菩提하야 證有爲涅槃이라 故로 非究竟出離之道也니라 大乘之人은 更不求眞하고 亦不斷妄하니 則知眞妄二法이 本無相狀이라 故로 寶公云 也無頭也無手라 世界壞時渠不朽라하니 故云 了知二法空無相也라하니라

참됨을 구하지 않기 때문에 범부의 법을 초월하고, 망상을 끊지 않는 까닭에 이승(二乘)의 법을 초월한다. 이승의 사람은 망상을 버리고 참됨을 구하고, 번뇌를 끊고 깨달음을 구하여 유위 열반을 증득한다. 그러므로 궁극(究竟)에 벗어나는 도가 아니다.

대승의 사람은 다시 참됨을 구하지 않고 망상도 끊지 않는다. 이것은 곧 진(眞)과 망(妄)의 두 법이 본래 모양이 없음을 알기 때문이다. 그러므로 보공(寶公)이 말하기를 "머리도 없고 손도 없다. 세계가 무너질 때도 그것은 썩어 없어지지 않는다."라고 하였으니, 그러므로 "두 법이 공하여 모양 없는 줄 안다."라고 하였다.

無相無空無不空이
卽是如來眞實相이로다
모양도 없고 공함도 없고 공하지 않음도 없음이
곧 여래의 진실한 모양이로다

上句는 展轉拂迹이요 下句는 直明眞諦也라 因上所言 不求眞 不斷妄 了知二法空無相하야 永嘉 切恐後人落在空無相中이라 故로 有此點示也니라 言無相者는 卽無諸事法也요 無空者는 卽無諸理法也요 無不空者는 則能遣之法도 亦空也라 卽是如來眞實相者는 卽入如來無相微妙法門也니라

윗 구절은 거듭 거듭 자취를 떨쳤고, 아래 구절은 바로 진제(眞諦)를 밝혔다. 위에서 말한 "참됨도 구하지 않고 망상도 끊지 아니하여 두 법이 공하여 모양이 없는 줄 안다."라고 말한 것으로 인하여 영가 대사께서는 후세 사람들이 공하여 모양이 없는 데 떨어질까 걱정한 것이다. 그러므로 이런 구절을 두어 일일이 지시한 것이다.

'모양이 없다'는 것은 곧 모든 사법(事法)이 없음이요, '공함이 없다'는 것은 곧 모든 이법(理法)이 없음이요, '공하지 않음도 없다'는 것은 능히 버리는 법도 또한 공하다는 것이다. '곧 여래의

진실한 모양이라는 것은 곧 여래의 모양 없는 미묘한 법문에 들어가는 것이다.

心鏡明鑑無罣碍여
廓然瑩徹周沙界라
마음 거울 밝아 비침에 걸림 없음이여
확연히 밝게 사무쳐 모래알처럼 많은 세계에 두루하도다

心鏡旣明하야 鑑物無碍라 傳曰 諸智慧者는 以譬喩得解라하니 明心之士는 其心猶如明鏡하야 能接衆象하야 盡入其中호되 無有窒碍하야 淸淨含容이 無有邊際라 古德云 打破鏡來與汝相見하니 盡十方世界是一面鏡이라하니 且向什麼處下手오 若向這裡薦得이면 靈光透漏하야 無蓋覆處리라 故云 廓然瑩徹周沙界也라하니라

마음의 거울이 이미 밝아 사물을 비추어 봄에 걸림이 없다. 전(傳)에 이르기를 "모든 지혜로운 자는 비유로써 이해할 수 있다."라고 하였으니, 마음을 밝히는 선비는 그 마음이 마치 밝은 거울과 같아서 능히 온갖 형상을 맞이하여 모두 그 가운데 들어가되 막히거나 걸림이 없어서 청정하고 함용(含容)함이 끝이 없다.
옛 스님이 말하기를 "거울을 깨뜨리고 그대와 서로 보니 온 시

방세계가 하나의 거울이다."라고 하였으니, 어느 곳을 향하여 손을 댈까? 만약 여기에서 깨달으면 신령스러운 광명이 뚫고 새어나와 그것을 덮을 곳이 없을 것이다. 그러므로 "확연히 밝게 사무쳐 모래알처럼 많은 세계에 두루한다."라고 하였다.

萬象森羅影現中하니
一顆圓光非內外로다
삼라만상의 그림자 그 가운데 나타나니
한 덩이 둥근 광명, 안과 밖이 없도다

在天燦然이라 仰而觀之를 謂之萬象이오 在地卓爾라 俯而察之를 謂之森羅라 傳曰 森羅及萬象이 一法之所印이라하니 豈從外得耶아 祗在一切衆生의 一念心光 影現之中이라 故云 萬象森羅影現中也라하니라 一顆圓光非內外者는 一点光明은 無表無裏니 靈明烜赫하야 瑩徹十方에 無有內外라 故로 肇法師云 會萬法歸於自己者는 其爲聖人乎인저하니라

하늘에 있으매 찬란히 빛남이라 우러러 관찰하는 것을 만상이라 하고, 땅에 있으매 우뚝 드높음이라 굽어 살피는 것을 삼라라 한다. 전(傳)에 이르기를 "삼라와 만상은 한 법의 도장을 찍은 것

이다."라고 하였으니, 어찌 밖으로부터 얻은 것이겠는가. 다만 일체 중생의 한 생각 마음 광명이 그림자로 나타나는 데 있다. 그러므로 "삼라만상의 그림자가 그 가운데 나타난다."라고 하였다.

'한 덩이 둥근 광명, 안과 밖이 없다'라는 것은 한 점의 광명은 겉도 없고 속도 없으니, 신령스럽고 찬란하게 빛나 시방에 밝게 사무쳐 안팎이 없다는 것이다. 그러므로 조 법사(肇法師)가 말하기를 "만법을 모아 자기에게로 귀결짓는 자는 성인이 될 것이다."라고 하였다.

豁達空 撥因果여
漭漭蕩蕩招殃禍라
텅 빈 공으로 인과가 없다고 부정함이여
아득하고 끝없이 앙화(殃禍)를 부르도다

豁達空者는 乃西天外道의 所修斷滅空也며 撥因果者는 一向着空하야 撥無因果也니라 故知世出世間人天의 一切因果善惡等業은 毫髮不差니라 經云 假使百千劫이라도 所作業不忘하야 因緣會遇時에 果報還自受라하나니 且外道不知此法일새 故迷因果也라 旣落斷滅之見하야 所招殃過 不可言說이라 譬若大海 漭漭蕩蕩하야 無有邊表라 故云 漭漭蕩蕩招殃禍也라하니라

'텅 빈 공'이란 인도[西天]의 외도들이 닦았던 단멸의 공이며, '인과가 없다고 부정함이여'라는 것은 한결같이 공에 집착하여 인과를 부정하여 없다고 하는 것이다. 그러므로 세간과 출세간, 인간과 천상의 모든 인과와 선악 등의 업은 털끝만큼도 어긋나지 않음을 알 수 있다.

경에 이르기를 "가령 백천 겁이 지난 뒤라도 지은 업은 잊혀지지 않아서 인연을 만날 때 스스로 과보를 받는다."라고 하였다. 외도들은 이러한 법을 알지 못하므로 인과에 어두우니, 이미 단멸의 견해에 떨어져, 불러들인 앙화는 이루 다 말할 수 없다. 비유하자면 큰 바다가 끝없이 넓고 아득하여 갓[邊]이 없는 것과 같다. 그러므로 "아득하고 끝없이 앙화를 부르도다."라고 하였다.

棄有着空病亦然하니
還如避溺而投火로다
있음은 버렸으나 공함에 집착하는 것 병이기는 같으니
마치 물은 피했으나 불에 뛰어듦과 같도다

若棄其有見이나 而着無見이면 則其病亦然也라 故로 古德云 便擬凝心斂念하고 攝事歸空하고 不瞬不動하고 閉目藏睛하야 隨有念起하야 卽便破除하고 細想纔生에 卽便遏捺이면 如斯見解

는 正是落空外道며 魂不散底死人이라하니라 故云 棄有着空이면 病亦然也라하니라 譬如有人이 避大水之溺이나 而投火燧之中이라 故云 還如避溺而投火也라하니라

만일 '있음'의 견해를 버렸으나 '없음'의 견해에 집착하면 그 병 또한 같은 것이다. 그러므로 옛 스님이 말하기를 "마음을 한 곳에 집중하여 생각을 거두어들이고, 일을 거두어 공(空)으로 돌리고, 눈을 깜박이지도 않고 움직이지도 않고, 눈을 감아 눈동자를 감추어 생각이 일어나면 문득 깨뜨려 제거하고, 미세한 생각이 막 일어나자 곧 막아 억누른다면, 이와 같은 견해는 바로 공에 떨어진 외도이며, 혼이 흩어지지 아니한 죽은 사람이다."라고 하였다. 그러므로 "있음은 버렸으나 공함에 집착하는 것 병이기는 같다."라고 하였다. 비유하자면 어떤 사람이 큰물에 빠지는 것은 피했으나 불 속에 뛰어드는 것과 같다. 그러므로 "물은 피했으나 불에 뛰어듦과 같다."라고 하였다.

捨妄心 取眞理여
取捨之心成巧僞라
망심을 버리고 진리를 취함이여
취하고 버리는 마음이 교묘한 거짓을 이루도다

若捨虛妄之心하고 欲取眞如之理면 則取捨之心이 成巧僞之行也라 傳云 取一邊하고 捨一邊하면 徒增妄慮하고 執自性 逃自性이면 轉失眞源이라하니라 其由空有兩忘으로 一味雙顯하야 居斷絶地면 卽煩惱根이 信不誣矣라 故羅山云 麤飡易飽요 細嚼難飢라 根本差殊는 良由自錯이라하니 學般若之人은 到此하야 切須子細體究니라

만일 허망한 마음을 버리고 진여의 이치를 취하고자 하면 취하고 버리는 마음이 교묘한 거짓의 행위를 이룬다. 전(傳)에 이르기를 "한 쪽을 취하고 한 쪽을 버리면 한갓 허망한 생각을 더하고, 자성을 집착하거나 자성을 피하면 더욱 본원을 잃는다."라고 하였다. 그것은 '공함'과 '있음' 둘 다 잊어버림으로 말미암아, 일미가 쌍으로 환하게 드러나 뚝 끊어진 자리에 있으면 곧 번뇌의 근본이 진실로 허망하지 않은 것이다.

그러므로 나산 스님이 말하기를 "거칠게 먹으면 배부르기 쉽고, 미세하게 꼭꼭 씹으면 배고프기 어렵다. 근본이 어긋나 달라진 것은 진실로 스스로 그르침으로 말미암은 것이다."라고 하였으니, 반야를 배우는 사람은 여기에 이르러 간절히 자세하게 체득하고 연구하여야 할 것이다.

學人不了用修行하야
眞成認賊將爲子로다
도를 배우는 사람이 깨닫지 못하고 수행하여
진실로 도적을 오인하여 아들로 삼으려는 꼴이 되었다

學般若之人이 不了心地法門하고 而修有爲功行이 皆非究竟이
라 盡屬有爲하야 正在生死岸頭가 如楞嚴의 十種修仙과 與諸不
了義 權位行人이 皆未能出離也니 良由以取捨虛僞之心으로 而
謂修證無上菩提 猶如世人 認賊爲子하야 欲其親的이나 無有是
處라 故云 眞成認賊將爲子也라하니라

반야를 배우는 사람이 심지법문(心地法門)을 요달하지 못하고, 유위(有爲)의 공행(功行)을 닦는 것이 모두 구경법이 아니므로, 유위법에 속하여 생사의 언덕에 있는 것이 마치 『능엄경』의 열 가지 신선도를 닦는 이와 모든 불요의(不了義)의 방편 지위에 있는 수행인이 모두 다 아직〈생사에서〉 벗어나지 못한 것과 같다. 진실로 취하고 버리는, 헛되고 거짓된 마음으로써 위없는 최상의 보리도를 닦아 증득했다고 말하는 것은 마치 세상 사람들이 도적을 오인하여 아들로 삼고서, 그와 친하고자 하나 될 수 없는 것과 같다. 그러므로 "참으로 도적을 오인하여 아들로 삼으려는 꿀이 되었다."라고 하였다.

損法財 滅功德이
莫不由斯心意識이라
법의 재물 잃어 버리고 공덕을 없앰이
심(心)·의(意)·식(識)을 말미암지 않은 것이 없다

旣認賊爲子하니 法財功德을 如何保任이리오 盡皆失去일새 故
云 損法財滅功德也라하니라 莫不由斯心意識者는 對境覺知 異
乎木石을 名之曰心이요 以心籌量을 名之曰意요 了了別知를 名
之曰 識也라 以此三法으로 遷流種種諸行하고 造作種種之業도
皆由此也니라 傳曰 心異則千差競起하고 心平則萬法坦然하고
心染則六道四生이요 心空則一道淸淨이라하니 故云 莫不由斯
心意識也라하니라

이미 도적을 오인하여 아들로 삼았으니, 법의 재물과 공덕을
어떻게 보존해 가질 수 있겠는가. 모두 다 잃어버린 까닭에 "법
의 재물 잃어버리고 공덕을 없앰"이라고 하였다.
 '심(心)·의(意)·식(識)을 말미암지 않는 것이 없다'라는 것은,
경계를 대하여 느끼고 아는 것이 목석(木石)과 다른 것을 심(心)

이라 하고, 마음으로 헤아리는 것을 의(意)라 하고, 또렷하게 분별하여 아는 것을 식(識)이라 한다. 이 세 가지의 법으로써 갖가지 모든 현상이 천류(遷流)하고, 갖가지 행위를 짓는 것도 모두 이를 말미암은 것이다.

전(傳)에 이르기를 "마음이 달라지면 천 가지 차별이 다투어 일어나고, 마음이 평안해지면 만 가지 법이 평탄하고, 마음이 물들면 육도와 사생이 〈생기고〉, 마음이 공해지면 하나의 도가 청정하다."라고 하였다. 그러므로 "심·의·식을 말미암지 않은 것이 없다."라고 하였다.

是以禪門了却心하면
頓入無生知見力이로다
이로써 선문에서 마음을 깨달으면
단박에 생멸이 없는 지견의 힘에 들게 된다

上來所修는 皆是無益이니 苦行이 固非眞實也라 唯般若一法이 方爲究竟일새 大般若經云 甚深般若波羅蜜多 是諸佛母이며 能示世間諸法實相이라하야늘 出家之士 得不盡心於此일새 是以로 雲門大師 警策兄弟曰 一等이 是踏破草鞋行脚하고 抛却父母師長인댄 直須着些子眼睛하야사 始得다 若遇本色인댄 咬猪狗手

脚으로 不惜性命하고 入泥入水相爲하야사 有可咬嚼이라 眨上眉
毛하야 高掛鉢囊하고 一十年二十年을 打取徹去면 莫愁不成辦
이라하니 從上諸聖이 無不擊發하야 勸於此箇門中에 用心일새
故云 是以禪門了却心하야 頓入無生知見力也라하니라

　위에서 수행한 것은 다 이익이 없는 것이니, 고행이 진실로 참되고 실다운 것이 아니다. 오직 반야의 한 법만이 바야흐로 구경법이 된다. 『대반야경(大般若經)』에 이르기를 "매우 깊은 반야바라밀다가 모든 부처님의 어머니이며, 능히 세간 모든 법의 실상을 보인 것이다."라고 하였는데, 출가한 사람들이 여기에 마음을 다하지 않는다. 그러므로 운문 대사가 도반〔兄弟〕들에게 경책하여 말하기를 "일등 〈수좌들이〉 짚신이 다 닳도록 행각하고, 부모와 스승을 버렸다면 반드시 조금 착안하여야만 될 것이다. 만약 본분종사를 만난다면 돼지와 개를 〈통째로〉 씹어대는 수단으로 목숨을 아끼지 않고 진흙에 뛰어들고 물속에 뛰어 들어가듯 서로 위하여야 씹어먹을 만한 〈이익이 있을〉 것이다. 눈썹을 치켜세우고 발우와 걸망을 높이 걸어놓고 10년, 20년 동안 깨침을 취하려 한다면 성취하지 못할까 걱정할 것이 없다."라고 하였다.

　예로부터 모든 성인들이 격발시켜 이 문중에서 마음 쓰기를 권하지 않은 적이 없다. 그러므로 "이로써 선문에서 마음을 깨달으면 단박에 생멸이 없는 지견의 힘에 들게 된다."라고 하였다.

大丈夫 秉慧劍이여
般若鋒兮金剛燄이니
대장부 지혜 칼을 잡음이여
반야의 칼날이요 금강의 불꽃이니

世間之士 有慷慨之志하고 秉鏌鎁之刃하야 以忠孝之心으로 佐贊明君하야 威武天下를 謂之丈夫어늘 今言大丈夫者는 具出世之大智하고 秉智慧之劍하야 以般若爲鋒鋩하고 以金剛爲猛燄하야 破煩惱網하고 出生死境界라 故云 大丈夫也라하니라 傳曰 雖女人孺子라도 有此志者는 亦名大丈夫요 雖八尺巍巍之士라도 無此志者는 不名大丈夫也라하니라 所言金剛者는 金中最剛일새 故曰 金剛이라하니 極堅極利일새 喩般若焉이라 堅故로 萬物不能摧하고 利故로 能摧萬物이라 唯帝釋有之요 福薄者는 難見其爲用也라 欲擬皆空하야 擬山卽山崩하고 擬海卽海竭하니 其功力不可思議일새 故喩般若也라하니라

세간의 선비들이 강개한 뜻을 가지고 막야(鏌鎁)[46]의 칼을 쥐고서 충효의 마음으로 밝은 임금을 도와 천하에 위엄을 떨치는 것

---

46) 막야(鏌鎁): 명검(名劍)의 이름.

을 대장부라 한다. 여기에서 말한 대장부는 출세간의 큰 지혜를 갖추고 지혜의 칼을 쥐고서 반야로써 칼날을 삼고 금강으로써 맹렬한 불꽃을 삼아 번뇌의 그물을 찢고 생사의 경계를 벗어나는 것을 말한 것이다. 그러므로 대장부라 하였다. 전(傳)에 이르기를 "비록 여인과 어린아이일지라도 이러한 뜻을 가진 자는 또한 대장부라 이름할 것이요, 비록 팔 척의 의젓한 장사(壯士)라도 이러한 뜻이 없는 자는 대장부라 이름할 수 없다."라고 하였다.

'금강'이라는 것은, 금속(金) 가운데 가장 강하기 때문에 금강이라 하니 지극히 견고하고 지극히 예리하므로 반야에 비유한 것이다. 견고한 까닭에 만물이 꺾을 수 없고, 예리한 까닭에 만물을 꺾을 수 있다. 오직 제석천왕만이 이것을 가졌고, 박복한 자는 그것을 쓰기 어렵다. 다 공한 것으로 하고자 하여, 산을 공으로 하고자 하면 산이 무너지고, 바다를 공으로 하고자 하면 바다가 마르나니, 그 공력은 마음으로 생각할 수 없고 말로 논의할 수 없기 때문에 반야에 비유한 것이다.

非但能摧外道心이라
早曾落却天魔膽이로다
다만 외도의 마음을 꺾을 뿐 아니라
일찍이 천마의 간담을 떨어뜨렸도다

但은 猶獨也라 非獨摧伏西竺六師外道之心이라 早曾落却天魔膽也라 寶星經에 云 有一魔王하니 於衆魔中에 而爲上首라 即於平日에 以手案地하니 三千大千世界 悉皆搖動이라 佛成道時에 領諸魔衆하고 欲於佛前에 以手拍地하고 率須彌山하야 惱害世尊이어늘 世尊이 即入慈心三昧하니 是時魔王이 方乃擧手나 尙不見地온 何況摩觸이리오 是時에 魔王心膽驚懼而走라하니라 故云 早曾落却天魔膽也라하니라

'다만〔但〕'은 '홀로〔獨〕'라는 말과 같다. 〈지혜의 칼은〉 비단 인도 육사 외도의 마음을 꺾을 뿐만 아니라, 일찍이 천마(天魔)의 간담을 떨어뜨렸다. 『보성경(寶星經)』에 이르기를 "한 마왕이 있었는데, 많은 마구니 가운데 으뜸이었다. 평소에 손으로 땅을 누르니 삼천대천세계가 모두 다 흔들렸다. 부처님께서 성도하실 때, 모든 마구니들을 거느리고 부처님 앞에서 손으로 땅을 치고 수미산을 가져다가 세존을 해치려 하였다. 세존께서 바로 자비삼매에 드시니, 이때 마왕이 막상 손을 들었으나 오히려 땅도 보이지 않는데 어찌 하물며 부딪치게 할 수 있었겠는가. 이때 마왕이 놀라고 두려워서 달아났다."라고 하였다. 그러므로 "일찍이 천마의 간담을 떨어뜨렸다."라고 하였다.

震法雷 擊法鼓여
布慈雲兮洒甘露라
법의 우레 진동하고 법고를 두드림이여
자비의 구름 펴고 감로수 뿌리도다

般若是一法이나 佛說種種名이니 或謂之慧劍이며 或謂之法雷며 或謂之法鼓며 或謂之慈雲이며 或謂之甘露라하나 卽是一法이라 隨其功用而得名也니 能破疑網하는 極堅利故로 謂之慧劍也요 駭動物機하야 增長善業故로 謂之法雷也요 聚集人天하야 善能 號令故로 謂之法鼓也요 能陰覆群生하야 皆得淸凉故로 謂之慈 雲也요 能濟熱惱하야 沃焦渴故로 謂之甘露也라하니 皆般若一 法爾也니라

　반야는 하나의 법이나 부처님께서 갖가지 이름으로 말했으니, 혹은 지혜 칼, 혹은 법의 우레, 혹은 법고, 혹은 자비의 구름, 혹은 감로수라 하였으나, 곧 동일한 법이다. 그 기능〔功用〕에 따라서 각기 달리 붙여진 이름이니, 의심의 그물을 자를 수 있는 지극히 견고하고 예리한 까닭에 지혜 칼이라 하고, 중생들의 근기를 놀라게 하여 선업을 키워주는 까닭에 법의 우레라 하고, 인천 (人天)을 모아 호령을 잘한 까닭에 법고라 하고, 중생을 그늘로

덮어주어 모두 청량함을 얻게 하는 까닭에 자비의 구름이라 하고, 뜨거운 번뇌를 제도하여 불타는 목마름을 적셔 주는 까닭에 감로수라 하니, 모두 반야의 동일한 법이다.

龍象蹴踏潤無邊하니
三乘五性皆惺悟로다
용과 코끼리 차고 밟음에 윤택함 끝이 없으니
삼승과 오성이 모두 깨치도다

龍象蹴踏之所는 固非驢騾所踐之地也라 三乘者는 一은 菩薩이요 二는 聲聞이요 三은 緣覺乘也라 五性者는 一은 善性이요 二는 惡性이요 三은 定性이요 四는 不定性이요 五는 闡提性也라 三乘五性의 惺悟는 且致⁴⁷⁾하고 忽遇三種病人來면 還接得否아 患盲者는 拈槌豎拂이라도 他又不見이요 患聾者는 語言三昧라도 他又不聞이요 患啞者는 教伊說이라도 又說不得이니라 且作麼生接고 若接此人不得이면 佛法無靈驗이라 昔人이 雖有此語나 爭奈時機不薦가 曾有僧이 請益雲門하니 師曰 汝禮拜着하라 僧禮拜起하니 師以拄杖挃한대 僧退後어늘 云 汝不是患盲이라 復喚

---

47) '致'는 '置'로 보았다.

僧하야 近前來하라하니 僧近前이어늘 云 汝不是患聾이라하고 乃云 會麼아 僧云 不會니다 云 汝不是患瘂라 其僧이 忽於言下有省하다 若薦得這箇說話인댄 何止三乘五性이리오 盲聾瘂瘂도 悉皆惺悟니 直是須敎盡大地人으로 普請作佛去니라 還委悉麼아 雖然如此나 若是明眼衲僧인댄 也須子細詳辨이니라

 용과 코끼리가 밟아 가는 곳은 나귀와 노새가 밟아 갈 땅이 아니다. 삼승이란 첫째 보살, 둘째 성문, 셋째 연각승이다. 오성이란 첫째 선성(善性), 둘째 악성(惡性), 셋째 정성(定性), 넷째 부정성(不定性), 다섯째 천제성(闡提性)이다.
 삼승과 오성의 깨달음은 그만두고, 갑자기 세 종류의 병든 사람이 오는 것을 만나면 또한 그들을 접인할 수 있겠는가. 장님은 방망이를 들고 불자(拂子)를 세워도 보지 못할 것이요, 귀머거리는 말을 잘하더라도 들을 수 없을 것이요, 벙어리는 말하게 하더라도 말할 수 없을 것이다. 이들을 어떻게 접인할 것인가? 만일 이러한 사람을 접인하지 못한다면 불법이 영험이 없을 것이다. 옛 사람이 비록 이런 말을 하였으나, 그 시대의 사람들이 알아듣지 못하는 것을 어찌할 것인가.
 일찍이 한 객스님이 운문 스님에게 가르침을 청하자, 운문 스님이 말하기를 "그대는 절을 하여라." 하였다. 객스님이 절하고 일어나자, 운문 스님이 주장자로 찌르니, 객스님이 뒤로 물러났다. 운문 스님이 "그대는 장님이 아니구나." 하고 또 객스님을 부

르며 가까이 오라고 하자, 객스님이 가까이 다가왔다. "그대는 귀머거리가 아니구나." 하고 이어서 "알겠느냐?" 하니 객스님이 "모르겠습니다." 하였다. "그대는 벙어리가 아니구나." 하니 그 말에 객스님은 문득 깨달음을 얻었다.

만일 이러한 이야기를 안다면 어찌 삼승과 오성에만 그치겠는가. 봉사·귀머거리·벙어리도 모두 깨달을 것이니, 바로 온 누리의 사람으로 하여금 부처가 되도록 널리 청해야 할 것이다. 또한 알겠는가. 비록 그렇기는 하나 만일 눈 밝은 납승이라면 또한 자세히 분별하여야 할 것이다.

雪山肥膩更無雜하야
純出醍醐我常納이라
설산의 비니초 다시 섞임이 없어
순수한 제호 내니, 내 항상 받는도다

西竺雪山有草하니 名曰 肥膩라 潔淨香美어늘 白牛食之에 所出이 皆成醍醐上味하니 非此間腥羶雜血之乳의 其不潔也니라 雪山은 喩一眞妙境이요 香草는 喩圓修八正道요 牛는 喩照理眞智요 醍醐는 喩一乘妙法이니 以明菩薩不從漸次而修也라 大乘根性은 從初發心으로 便成正覺이라 所言我常納者는 卽學般若之

士 念念與般若相應也일새 故下文에 擧法皆入重重無盡하고 事事無碍境界也하니라

인도〔西쯔〕 설산에 풀이 있으니, 그 이름을 비니(肥膩)라 한다. 정결하고 향기롭고 아름다운데, 흰 소가 그것을 먹고 만들어 내는 것이 모두 가장 맛있는 제호(醍醐)가 된다. 이것은 이 세상의 비린내 나고 누린내 나는 피가 섞인 젖처럼 불결한 것이 아니다.

'설산'은 일진(一眞)의 오묘한 경지를 비유한 것이고, '향초'는 원만하게 닦는 팔정도에 비유한 것이고, '소'는 이치를 비춰보는 참 지혜에 비유한 것이고, '제호'는 일승의 묘법에 비유한 것이니, 보살이 지위 점차를 거쳐서 닦는 것이 아님을 밝힌 것이다. 대승근성(大乘根性)은 초발심으로부터 문득 정각(正覺)을 이룬다.

'내 항상 받는다'는 것은 반야를 배우는 사람이 생각 생각 반야와 상응하는 것을 말한다. 그러므로 아래 글에 온 법이 모두 거듭 거듭 다함이 없고, 일마다 걸림 없는 경계에 들어간다고 하였다.

一性圓通一切性이요
一法徧含一切法이로다
한 성품이 뚜렷이 일체 성품에 통하고
한 법이 두루 일체 법을 함용하도다

一性은 卽一眞之性也요 一法은 卽一心之法也라 一性圓通一切性者는 卽一性이 圓通法界性也요 一法遍含一切法者는 卽一心之法이 遍含無盡法也니라 壽禪師云 本生末而末表本하야 體用互興하고 眞成俗而俗立眞하야 凡聖交映하고 此顯彼而彼顯此하야 主伴齊參하고 生成佛而佛度生하야 因果交徹이라 境無自性而他成自요 心無自性而自成他요 理不成就而一卽多요 事不成就而多卽一이요 相雖虛而恒冥一體요 性雖實而常在萬緣이라 雖顯露나 難以情求요 住超然而無方大用이 縱橫幻境하야 在一性而融眞이라하니라 是以로 八十卷華嚴大經所說이 非昔有而今無也니라 傳曰 三十九品之勝典이 終始交羅하고 一十萬頌之妙言이 前後參應이라 十處十會는 如帝網之重重이요 十刹十塵은 如鏡象之涉入이라 擧一門則諸門頓顯하고 談一品則諸品齊彰하고 道樹始成에 九天全會하고 普光一集에 十處齊登이라 新舊無差요 前後一念이라하니라 故末山尼가 先聽大經하고 後因參有悟入하야 方信卽今現在華嚴法界之中일새 有頌云 五蘊山頭古佛

堂에 毘盧晝夜放毫光이로다 若能於此非同異면 卽是華嚴遍十方하리라하니 故云 一性圓通一切性이요 一法徧含一切法也라하니라

'한 성품〔一性〕'은 곧 하나의 참된 성품이고, '한 법〔一法〕'은 곧 한 마음의 법이다. "한 성품이 뚜렷이 일체 성품에 통한다."는 것은 곧 하나의 성품이 두루 법계의 성품에 뚜렷이 통한다는 것이요, "한 법이 두루 일체 법을 함용한다."는 것은 한 마음의 법이 다함이 없는 법을 두루 함용한다는 것이다.

수선사가 말하기를 "근본은 지말을 내고 지말은 근본을 나타내어 체(體)와 용(用)이 서로 일어난다. 진제(眞諦)는 속제(俗諦)를 이루고 속제는 진제를 세워서 범부와 성인이 서로 비춘다. 이것은 저것을 나타내고 저것은 이것을 나타내어 주(主)와 객〔伴〕이 나란히 참여한다. 중생이 부처를 이루고 부처가 중생을 제도하여 인(因)과 과(果)가 서로 사무친다. 경계는 자성이 없으나 경계〔他〕가 자성〔自〕을 이루고, 마음은 자성이 없으나 자성〔自〕이 경계〔他〕를 이룬다. 이치〔理〕는 이루어지는 것이 아니나 하나인 〈이치가〉 곧 많은 〈사법(事法)〉에 나아가고, 사법〔事〕은 이루어지는 것이 아니나 많은 〈사법〉이 곧 하나의 〈이치〉에 나아가고, 〈사법의〉 형상〔相〕은 비록 공허하나 항상 하나의 체성에 명합하고, 성품은 비록 진실하나 항상 온갖 반연에 있다. 비록 드러나 있으나 정식〔情〕으로 구하기 어렵고, 초연함에 머무르나 방소(方所)가 없는

큰 작용이 허환한 경계[幻境]에 종횡(縱橫)하여, 한 성품[一性]에 있으나 진제[眞]에 융합한다."라고 하였다. 그러므로 80권 『화엄경』에서 말한 것이 옛날에는 있었고 지금에는 없는 것이 아니다.

전(傳)에 이르기를 "39품의 수승한 경전이 처음과 끝이 서로 얽혔고, 10만 송(頌)의 오묘한 말들이 앞뒤가 참여하여 상응한다. 십처(十處) 십회(十會)는 제석천왕 그물 코의 구슬에 비친 그림자가 거듭되어 중중무진(重重無盡)한 것과 같고, 십찰(十刹) 십진(十塵)은 거울에 비친 형상이 서로 들어가 섭입무애(涉入無礙)한 것과 같다. 한 문을 들면 모든 문이 단박에 나타나고, 한 품(品)을 말하면 모든 품이 일제히 드러나고, 보리수 아래에서 정각을 비로소 이룸에 구천(九天)이 함께 모이고, 보광전[普光] 한 모임에 십처(十處)에서 다같이 올랐다. 새 것과 옛 것이 차별이 없고, 앞과 뒤가 한 생각이다."라고 하였다.

그러므로 말산(末山) 비구니가 먼저 『화엄경[大經]』을 듣고 후에 참선으로 인하여 깨달음을 얻어 바야흐로 지금 현재가 화엄법계 중에 있는 것임을 믿는 까닭에, 다음과 같이 송(頌)하였다.

五蘊山頭古佛堂　오온 산마루 옛 불당에
毘盧晝夜放毫光　비로자나불 밤낮으로 백호광 놓네.
若能於此非同異　만일 이곳에서 같음도 다름도 아님을 알면[48]

---

48) 불일 보조(佛日普照) 스님의 『간화결의론(看話決疑論)』「불안선사장(佛眼禪師章)」에

卽是華嚴遍十方 바로 화엄이 시방에 두루하리라.

그러므로 "한 성품이 뚜렷이 일체 성품에 통하고, 한 법이 두루 일체 법을 함용하도다."라고 하였다.

一月普現一切水여
一切水月一月攝이라
하나의 달이 모든 물에 널리 나타남이여
모든 물의 달이 하나의 달에 포섭되도다

一月普現一切水者는 如靑霄一月이 普現江河池沼와 滄海溪潭 等하니 凡有水處에 悉皆現月也라 一切水月一月攝者는 衆水所現은 唯天上一月爾니 華嚴一月三舟라 譬喩經云 譬如停舟分月彩니 舟從東去면 一月往東하고 舟從西去면 一月往西하고 舟從南去면 一月往南하고 舟從北去면 一月往北이나 常住之舟는 見月不動이라하니라 如是四維十方에 盡皆見月이니 所以云 並安千器에 千月不同하고 一道澄江에 一月孤影이라 乃至淨水 穢水

는 "若能於此非同異"가 "若知此處非同異"로 되어있다. 여기에서는 『간화결의론』의 "若知此處非同異"를 따랐다.

淸水 濁水와 甘甛 苦澁 鹹淡等水도 如是於中에 一時普現이라 하고 經云 我成道時에 見一切衆生이 盡皆成道라하고 傳曰 諸佛淸凉月은 常遊畢竟空이라 衆生心水淨이면 菩提影現中이라하니 信斯言也여

'하나의 달이 모든 물에 널리 나타난다'는 것은 푸른 하늘에 하나의 달이 강과 하수와 못과 바다와 시내 등에 널리 나타남과 같으니, 무릇 물이 있는 곳에는 모두 달이 나타난다는 것이다.
'모든 물의 달이 하나의 달에 포섭된다'는 것은 모든 물에 나타난 것은 오직 하늘에 있는 하나의 달일 뿐이니, 『화엄경』의 "하나의 달에 세 척의 배"라는 것이다. 『비유경』에 이르기를 "비유컨대 멈춰 있는 배에서 달빛이 나누어지는 것과 같으니, 배가 동쪽으로 가면 한 달은 동쪽으로 가고, 배가 서쪽으로 가면 한 달은 서쪽으로 가고, 배가 남쪽으로 가면 한 달은 남쪽으로 가고, 배가 북쪽으로 가면 한 달은 북쪽으로 가지만, 항상 머물러 있는 배에서는 달이 움직이지 않음을 본다."라고 하였다. 이와 같이 사유 (四維: 북동·남동·북서·남서) 시방(十方)에서 모두 달을 볼 수 있다. 그러므로 "천 개의 그릇을 나란히 두면 천 개의 달 또한 똑 같고, 하나의 맑은 강에는 하나의 달이 외로이 비치는 것이다. 이에 깨끗한 물, 더러운 물, 맑은 물, 흐린 물, 달고 쓰고 짜고 담담한 물에까지도 이와 같이 한 가운데 일시에 널리 나타난다."라고 하였다. 경에 이르기를 "내가 성도할 때에 일체 중생이 모두 다 성

도함을 본다."라고 하였다. 전(傳)에 다음과 같이 말하였다.

諸佛淸凉月　　모든 부처님의 맑고 서늘한 달은
常遊畢竟空　　항상 필경의 허공에 노니네.
衆生心水淨　　중생 마음의 물 맑으면
菩提影現中　　지혜의 달그림자 그 가운데 나타나네.

진실하다 이 말씀이여!

諸佛法身入我性하고
我性還共如來合이로다
모든 부처님의 법신이 나의 성품에 들어오고
나의 성품이 또한 여래와 함께 합하도다

衆生心內諸佛이 念念證眞하고 諸佛心內衆生이 心心作佛이라 故云 諸佛法身入我性하고 我性仝共如來合也라하니 良由諸佛 親證法身也는 衆生本具法身也니라 荊溪云 衆生理具나 諸佛成 이니 成之與具 莫不性等이라하니 故云 我性同共如來合也라하 니라 故寒山云 嘗聞釋迦佛이 親授然燈記라하니 然燈與釋迦는 祗 論前後智라 前後體非殊니 異中無有異라 一佛一切佛이니 心是

如來地라하니 卽其謂也니라

    중생 마음속의 모든 부처님이 생각마다 진리를 증득하고, 모든 부처님 마음 속의 중생들이 마음마다 부처를 이룬다. 그러므로 "모든 부처님 법신이 나의 성품에 들어오고, 나의 성품이 여래와 함께 합한다."라고 하였으니, 참으로 모든 부처님이 친히 법신을 증득한 것은 중생들이 본래 법신을 갖추고 있음에 말미암은 것이다.

    형계(荊溪, 711~782)가 말하기를 "중생은 이치를 갖추었으나 모든 부처님은 이루었나니, 이룬 것과 갖춘 것은 그 성품이 평등하지 않은 것이 없다."라고 하였으니, 그러므로 "나의 성품이 여래와 함께 합한다."라고 하였다. 그러므로 한산이 다음과 같이 말하였다.

嘗聞釋迦佛	일찍이 듣자니 석가모니불이
親授然燈記	친히 연등 부처님께 수기 받았다 하네.
祇論前後智	다만 전후의 지혜를 논했을 뿐
前後體非殊	전후의 체성은 다르지 않으니
異中無有異	다름 가운데 다름이 없네.
一佛一切佛	하나의 부처가 일체의 부처님이니
心是如來地	마음이 여래의 경지로다.

一地具足一切地여
非色非心非行業이라
한 지위(地)가 일체 지위를 구족함이여
물질(色)도 아니요 마음도 아니요 행업도 아니로다

上文曰 一性圓通一切性은 言無碍之性也요 一法遍含一切法은 言無碍之法也라 一月普現一切水는 言無碍之喩也어늘 今言一地具足一切地는 言無碍之功德也라 所言地者는 地以能生爲義라 卽初地가 具足十地功德일새 故云 一地具足一切地也라하니라 言非色非心非行業者는 旣一地具足十地功德일새 其功德不可思議니 則色心行業 不可測度也라 非色者는 非窒礙之色也요 非心者는 非覺知之心也요 非行者는 非遷流造作之行也요 非業者는 非所作之業也라 今爲顯其法性일새 所以拈情이라 故下文에 以明妙用也니라

위의 글에서 말한 '한 성품이 뚜렷이 일체에 통한다'라는 것은 걸림이 없는 성품을 말한 것이요, '한 법이 두루 일체 법을 함용한다'는 것은 걸림이 없는 법을 말한 것이다. '하나의 달이 모든 물에 널리 나타난다'는 것은 걸림이 없는 비유를 말한 것인데, 여기에서 '한 지위가 일체 지위를 구족함이여'라고 한 것은 걸림이

없는 공덕을 말한 것이다.

 '지위'라고 말한 지(地)는 〈땅으로〉, 능히 나게(生) 하는 것으로써 뜻을 삼는 것이다. 곧 초지(初地)가 십지의 공덕(功德)을 구족한 까닭에 "한 지위가 일체 지위를 구족함이여."라고 하였다. '물질(色)도 아니요, 마음도 아니요, 행업(行業)도 아니다'라고 한 것은, 이미 한 지위(地位)가 열 가지 지위의 공덕을 구족했기 때문에 그 공덕이 불가사의한 것이니, 곧 물질(色)과 마음과 행업을 헤아릴 수 없다는 것이다. '물질(色)이 아니다'라는 것은 막히고 걸리는 물질(色)이 아니요, '마음이 아니다'라는 것은 느끼고 아는 마음이 아니요, '행업이 아니다'라는 것은 천류(遷流)하고 조작(造作)하는 행이 아니요, '업이 아니다'라는 것은 짓는 바의 업이 아니다. 여기에서는 그 법성을 나타내기 위한 까닭에 정식(情)이 〈아니라는 것을〉 들어 말했다. 그러므로 아래 글에서는 묘용(妙用)을 밝혔다.

彈指圓成八萬門이요
刹那滅却三祇劫이로다
손가락 튕기는 사이에 팔만 법문 원만히 이루고
찰나에 삼아승지겁〈의 죄〉를 없애도다

一彈指頃에 成就八萬法門하고 一刹那間에 能滅三祇劫罪也라

一念瞋心起면 八萬障門開로되 今旣悟入無生之理하니 八萬四千煩惱 轉成八萬四千淸淨解脫法門이라 卽超三大阿僧祇劫하니 此修行功力也라 故楞嚴經云 消⁴⁹⁾我億劫顚倒想하야 不歷僧祇獲法身이라하니 深可信矣라 所言三祇劫은 卽三阿僧祇劫也라 自古釋迦로 至尸棄如來 爲一劫이요 尸棄로 至然燈如來 爲一劫이요 然燈으로 至毘婆尸如來 爲一劫이라 故云 三阿僧祇也라 하니라 此事는 且致하고 祇如禪月云 禪客相逢祇彈指라 此心能有幾人知아하니 如或未知落處면 阿誰敢稱禪客이리오

한 번 손가락을 퉁기는 사이에 팔만 법문을 이루고, 한 찰나의 사이에 삼아승지겁의 죄를 없앤다. 한 생각 화내는 마음이 일어나면 팔만 가지 장애의 문이 열리지만, 지금 이미 무생의 이치를 깨달았으니, 팔만 사천 번뇌가 팔만 사천 청정 해탈 법문으로 변한 것이다. 곧바로 삼대아승지겁을 초월하였으니 이것은 수행의 공력이다.
  그러므로 『능엄경』에 이르기를 "내가 억겁의 전도망상을 초월하여 아승지겁을 지나지 않고 법신을 얻었다."라고 하였으니, 참으로 깊이 믿을 만하다. '삼지겁(三祇劫)'이라 말한 것은 곧 삼아승지겁이다. 옛날 석가불로부터 시기 여래까지가 한 겁이요, 시기 여래로부터 연등 여래까지가 한 겁이요, 연등 여래로부터 비바시 여래까지가 한 겁이다. 그러므로 '삼아승지'라 하였다.

---

49) '超'로 해석하였다.

이 일은 그만두고, 선월(禪月)이 말하기를 "선객이 서로 만나면 손가락만 퉁길 뿐이다. 이 마음을 능히 아는 이 몇 사람이나 있을까."라고 하였으니, 만일 낙처(落處)를 알지 못한다면 누가 감히 선객이라 칭하리오.

一切數句非數句여
與吾靈覺何交涉가
일체 수·구(數句)와, 수·구 아닌 것이여
나의 신령스러운〈불성〉깨침과 무슨 상관이 있으랴

一切 名言 法相 菩提 涅槃 眞如 解脫은 非有非無며 非凡非聖이라 頭數法門은 無有窮盡이오 實非究竟이라 故云 一切數句非數句也라하니라 藥山이 初參石頭하야 便問三乘十二分敎는 某甲粗亦硏窮이나 嘗聞南方 直指人心 見性成佛하고 特來禮拜하오니 伏望和尙은 慈悲開示하소서 師云 恁麼也不得이요 不恁麼也不得이며 恁麼不恁麼總不得이라 若薦得這箇因緣하면 許你出荊棘林하야 具衲僧眼이라하니라 故云 與吾靈覺何交涉也아하니라

일체의 명언·법상·보리·열반·진여·해탈은 유(有)도 아니고 무(無)도 아니며, 범부도 아니고 성인도 아니다. 두수법문(頭數法

門)은 궁구하여 다할 수 없는 것이고, 실로 구경법이 아니다. 그러므로 "일체 수구와 수구 아닌 것"이라고 하였다.

약산(藥山 惟儼, 751~834)이 처음 석두 스님(石頭 希遷, 700~790)을 참방하여 바로 묻기를 "삼승(三乘)과 12분교(十二分敎)는 저도 조금 연찬하였으나, 남방에서는 '사람의 마음을 바로 가리켜 성품을 보아 부처를 이루게 한다'는 말을 듣고 특별히 찾아와 예배 드리오니, 엎드려 바라옵건대 스님께서는 자비한 마음으로 법을 열어 보여 주십시오."라고 하니, 석두 스님이 "이렇게 할 수도 없고(恁麽也不得), 이렇게 하지 않을 수도 없고(不恁麽也不得), 이렇게 할 수도, 이렇게 하지 않을 수도 모두 없다(恁麽不恁麽總不得). 만일 이 법문〔因緣〕을 깨닫는다면 그대가 번뇌〔荊棘〕에서 벗어나 납승의 안목을 갖출 것이다."라고 하였다. 그러므로 "나의 신령한 각성(覺性)과 무슨 상관이 있으랴."라고 하였다.

不可毀 不可讚이여
體若虛空勿涯岸이라
훼방할 수도 없고 칭찬할 수도 없음이여
체성(體性)이 허공 같아 끝이 없도다

毀譽不動者는 唯見性之人이라사 方能解脫也요 未了人은 於一

切順境에 聞讚譽之言이면 卽心生歡喜하고 於一切逆境에 聞毁
辱之言이면 卽心生忿怒니 皆不了語言性空也라 達法之士는 了
毁譽之言이 不可得與法體相應이 猶如虛空勿有涯岸일새 故云
不可毁不可讚이여 體若虛空勿涯岸也라하니라

훼방하거나 칭찬함에 동요하지 않는 것, 그것은 오직 견성한 사람만이 벗어날 수 있다. 깨닫지 못한 사람은 온갖 순경(順境)에 칭찬하고 기리는 말을 들으면 곧 마음에 환희심을 내고, 일체의 역경(逆境)에 헐뜯고 욕하는 말을 들으면 곧 마음에 분노심을 내니, 모두 언어의 성품이 공함을 깨닫지 못해서이다. 법을 통달한 사람은 헐뜯거나 칭찬하는 말이 법체와 상응할 수 없는 것이 마치 허공이 끝이 없는 것과 같다는 것을 깨달은 까닭에 "훼방할 수도 없고 칭찬할 수도 없음이여, 체성이 허공 같아 끝이 없도다."라고 하였다.

不離當處常湛然이나
覓則知君不可見이로다
당처를 여의지 않고 항상 담연하나
찾으려 하면 그대가 볼 수 없는 줄 알리라

佛身充滿於法界하야 普現一切群生前하니 卽是不離當處常湛

然也라 謂此靈覺之性은 不離十二時中 見聞覺知니 若離見聞覺
知之外에 別求覺性인댄 無有是處니라 祖師云 將心覓心이면 豈
非大錯이리오하니 敢問諸人하노니 阿那箇是當處오 若向這裡하
야 覷得破면 與十方諸佛로 同共受用이 等無有異어니와 如或不
然이면 盡是埋沒家寶하야 辜負己靈하고 隨行數墨하야 謾自推
求리라 古德云 譬如騎牛討牛면 無有是處라하니 故云 覓卽知君
不可見이라하니라

부처의 몸이 우주 법계에 충만하여 일체 중생의 앞에 두루 나타나니, 곧 이것이 당처를 여의지 않고 항상 담연한 것이다. 이를테면 이 영각(靈覺)의 성품은 하루 24시간 견문각지(見聞覺知)[50]를 떠나지 않으니, 만일 견문각지를 떠난 밖에 따로 각성을 구한다면 옳지 않다.

조사(祖師, 僧璨)가 말하기를 "마음을 가지고 마음을 찾으면 어찌 크게 그르친 것이 아니겠는가."라고 하였으니, 감히 여러 사람에게 묻노니, 어떤 것이 당처인가. 만약 여기에서 간파한다면 시방 제불과 함께 수용함이 평등하여 다름이 없겠지만, 만일 그렇지 못하다면 모두 가보(家寶)를 매몰하여 자기의 신령스러움을 저버리고 글 줄을 따르고 글자를 세면서 부질없이 스스로 추구

---

50) 견문각지(見聞覺知): 안견(眼見)·이문(耳聞)·후각(嗅覺)·미각(味覺)·촉각(觸覺)·의지(意知).

하게 될 것이다. 옛 스님이 말하기를 "비유컨대 소를 타고서 소를 찾는 것과 같아서 옳지 못하다."라고 하였다. 그러므로 "찾으려 하면 그대가 볼 수 없는 줄 알리라."라고 하였다.

取不得 捨不得이여
不可得中只麽得이라
취할 수도 없고 버릴 수도 없음이여
얻을 수 없는 가운데 이렇게 얻을 뿐이로다

靈光洞達하야 無所不遍이라 諸佛悟之而不曾得이요 衆生迷之而未曾失이라 傳曰 譬如有人이 怖空而走라 雖則而走라도 且步步不離於空이요 於彼求空이나 了不可得일새 故云 取不得捨不得也라하니라 不可得中只麽得者는 此宗旨 當於聞思修體究而得之니라 經云 佛告沙門하사대 汝處于家에 昔爲何事오 對曰 亦常彈琴이니이다 佛言 絃緩如何오 對曰 不鳴矣이니이다 絃急如何오 對曰 其聲絶이니이다 急緩得中에 如何오 對曰 淸音普矣이니이다 佛告沙門하사대 學道亦然하니 心若調通인댄 道可得矣니라 故曰 不可得中只麽得也라하니 若是明眼衲僧인댄 應不錯擧也니라

신령한 광명이 막힘없이 훤하게 통하여 두루하지 않는 데가 없다. 모든 부처님께서 깨달았으나 일찍이 얻음이 없고, 중생이 미혹하였으나 일찍이 잃음이 없다. 전(傳)에 이르기를 "비유하자면 어떤 사람이 허공이 두려워서 달아났으나, 달아나도 걸음 걸음이 허공을 여의지 않았고, 저 허공을 구하여도 마침내 얻을 수 없는 것과 같다."라고 하였다. 그러므로 "취할 수도 없고 버릴 수도 없다."라고 말하였다.

　'얻을 수 없는 가운데 이렇게 얻을 뿐이다'라는 것은, 이 종지는 마땅히 듣고 생각하고 닦고 체득하고 연구하는 데에서 스스로 얻는 것이다. 경에 이르기를 "부처님께서 한 승려〔沙門〕에게 묻기를 '그대는 집에 있을 적에 무슨 일을 하였는가?'라고 하니, '항상 거문고를 탔습니다'라고 했다. 부처님께서 '거문고 줄이 느슨하면 어떠하던가?'라고 하니 '울리지 않았습니다.'라고 했다. '거문고 줄이 팽팽하면 어떠하던가?'라고 하니 '그 줄이 끊어져 소리가 나지 않았습니다'라고 했다. '팽팽한 것과 느슨한 것의 중도를 얻으면 어떠하던가?'라고 하니 '맑은 소리가 널리 퍼졌습니다'라고 했다. 부처님께서 그 사문에게 고하기를 '도를 배우는 것도 그러하니, 마음이 조절이 되어 통해지면 도를 얻을 수 있다'라고 하셨다."라고 하였다. 그러므로 "얻을 수 없는 가운데 다만 이렇게 얻는다."라고 하였으니, 눈 밝은 납승이라면 잘못 거론하지 말아야 할 것이다.

默時說 說時默이여
묵묵할 때에도 말하고, 말할 때에도 묵묵함이여

默時說者는 卽是默時常說也라 僧問投子호대 如何是十身調御 닛가 投子 下禪床立하고 且道하라 說箇什麼오하니 是知默時常 說이요 說時常默也라 如世尊說法에 一切經首에 皆有妙旨어늘 人罕知之라 如金剛經云 爾時에 世尊이 食時에 着衣持鉢하시고 入舍衛大城하사 乞食하실새 於其城中에 次第乞已하시고 還至本 處하사 飯食訖하시고 收衣鉢하시며 洗足已하시고 敷座而坐하시다 時에 長老須菩提가 在大衆中이라가 卽從座起하야 偏袒右肩하고 右膝着地하고 合掌恭敬하야 而白佛言하시되 希有世尊하 如來善 護念諸菩薩하시며 善付囑諸菩薩하시나니라하고 又圓覺經云 一 時에 婆伽婆가 入於神通大光明藏하사 三昧正受하사 一切如來 와 光嚴住持하시니 是諸衆生의 淸淨覺地니 身心寂滅하사 平等 本際하사 圓滿十方하사 不二隨順하사 乃至於不二境에 現諸淨 土라하시니라 如楞嚴經云 卽時如來가 敷座宴安하야 爲諸會中하 야 宣揚深奧하시니 法筵淸衆이 得未曾有하고 迦陵仙音이 徧十 方界라하니 故知默時常說也라 說時默者는 一大藏敎의 金口所 宣이 未曾道着一字니 經云 始從成道夜로 終至跋提河히 於是二 中間에 未曾說一字라하니 且道하라 畢竟是有說가 無說耶아 所

以로 天衣云 若言有說인댄 謗如來요 若謂不談이면 邪見在라하니 若向這裡覷得破하면 方可稱唱宗風하고 提綱祖令也리라

'묵묵할 때에도 말한다'는 것은 침묵할 때에도 항상 말한다는 것이다. 한 스님이 투자 스님에게 묻기를 "어떤 것이 부처님(十身調御)입니까?" 하니, 투자 스님이 선상에서 내려와 서서 "또 말해 봐라. 뭐라고 말했느냐."라고 하였으니, 이것이 묵묵할 때에도 항상 말하고, 말할 때에도 항상 침묵한 것임을 알겠다.

세존이 설법할 적에 모든 경전의 첫머리에 모두 오묘한 뜻이 있는데, 이것을 아는 사람이 드물다. 『금강경』에 이르기를 "그때 세존께서 공양하실 때가 되어 가사를 입으시고 발우를 가지시고 사위대성에 들어가시어 걸식하실 적에, 그 성중에서 차례로 걸식하시고서 다시 본처로 돌아오시어 공양을 마치신 뒤, 가사와 발우를 거두시고, 발을 씻은 후 자리를 펴고 앉으셨다. 그때에 장로 수보리가 대중 가운데 있다가 곧 자리에서 일어나 왼쪽 어깨에 옷을 걸치고 오른쪽 어깨를 드러내고(偏袒右肩), 오른쪽 무릎을 땅에 꿇고 합장하고 공경하여 부처님께 말씀하기를 '희유하십니다. 세존이시여, 여래께서는 모든 보살들을 잘 보살피시고 모든 보살들을 잘 부촉하십니다.'라고 했다."라고 하였다.

또 『원각경』에 이르기를 "어느 때에 부처님(婆伽婆)께서 신통대광명장에 들어가 삼매(三昧 : 正受)에 드시어, 일체 여래와 함께 광명으로 장엄하여 머물러 계시니, 이것이 곧 모든 중생들의 청정

한 각성의 경지라, 몸과 마음이 적멸하여 평등한 근본자리〔本際〕이며, 시방에 두렷이 차서 불이(不二)를 수순하고, 불이(不二)의 경지에서 모든 정토를 나타내신다."라고 하였다.

『능엄경』에 이르기를 "그때에 여래께서 자리를 펴고 편안히 앉으시어 모든 모인 대중을 위하여 깊고 오묘한 이치를 말씀하여 드러내시니, 법회에 참석했던 청정한 대중들은 일찍이 있지 않았던 것을 얻었고, 가릉빈가와 같은 훌륭한 법음이 시방세계에 두루했다."라고 하였다. 그러므로 묵묵할 때에도 항상 말하는 것임을 알겠다.

'말할 때에도 묵묵함이여'라는 것은 일대장교(一大藏敎)가 부처님이 말씀하신 것이나 일찍이 한 글자도 말씀하신 적이 없다는 것이다. 경에 이르기를 "처음 성도하신 밤으로부터 마침내 발제하(跋提河)[51]에 이르기까지 그 두 중간에 일찍이 한 글자도 말한 적이 없다."라고 하였으니, 또한 말하여 보아라. 필경에 말씀하신 적이 있는가, 말씀하신 적이 없는가. 그러므로 천의(天衣 義懷, 989~1060)가 말하기를 "만일 말씀하신 것이 있다고 말하면 여래를 비방함이요, 말씀하신 것이 없다고 말하면 사견(邪見)이다."라고 하였으니, 만일 여기에서 척 알아차리면 바야흐로 종풍을 드날리고, 조사의 법령을 총괄하여 제시할 수 있을 것이다.

---

51) 발제하(跋提河): 강 이름. 부처님께서 입적하신 곳.

大施門開無壅塞이라
큰 보시의 문이 열려 막힘이 없도다

諸佛이 出世說法하사 普令一切衆生成佛하고 爲大施主하야 度脫有情하시니 故云 大施門開也라하니라 乃至西竺諸祖 各各說法하야 利樂有情하고 已至唐土諸祖와 天下老宿히 巧便施設種種法門하니 所以雪峰輥毬와 石鞏架箭과 天皇餬餅과 國師水椀과 雲門三句와 洞山五位와 靈雲見桃花와 法眼透聲色과 首山新婦와 道吾樂神과 潙山水牯와 汾陽師子와 百丈捲席과 俱胝一指는 皆諸善知識大施門開也라 古德云 盡十方世界 是箇解脫門이라 把手拽不入이언정 有何壅塞耶아하니라 故云 大施門開無壅塞也라하니라

 모든 부처님께서 세상에 출현하여 설법하시어 널리 일체 중생으로 하여금 성불하게 하시고, 큰 시주(施主)가 되어 중생들을 제도하여 해탈케 하셨다. 그러므로 "큰 보시의 문을 열었다."라고 말한 것이다.
 인도〔西竺〕의 조사들이 각각 설법하여 중생들을 이롭고 즐겁게 하였고, 중국의 여러 조사와 천하의 선지식들이 교묘한 방편으로 갖가지 법문을 시설하였으니, 그러므로 설봉곤구(雪峰輥毬)[52], 석

공가전(石鞏架箭)⁵³⁾, 천황호병(天皇餬餠)⁵⁴⁾, 국사수완(國師水椀)⁵⁵⁾, 운문삼구(雲門三句)⁵⁶⁾, 동산오위(洞山五位)⁵⁷⁾, 영운견도화(靈雲見桃花)⁵⁸⁾, 법안투성색(法眼透聲色)⁵⁹⁾, 수산신부(首山新婦)⁶⁰⁾, 도오악신

---

52) 설봉곤구(雪峰輥毬): 설봉이 공을 굴리다. 설봉이 상당하여 "온 대지가 하나의 해탈문인데, 손을 잡아 그를 끌어도 들어오려고 하지 않는구나." 하시니 어느 승이 나와서 말하기를 "화상께서는 저를 괴이하게 여기지 마십시오."라고 하였다. 또 어느 승이 말하기를 "거기에 들어가서 뭐하겠습니까?" 하니, 사(師)가 갑자기 때렸다. 현사가 설봉 스님께 말하기를, "저는 요즘에 크게 쓰고 있습니다. 화상께서는 어떠하십니까?" 하니 사(師)가 세 개의 나무 공을 가져다가 일시에 던져버렸다. 그러자 현사가 그것을 때려 부수는 시늉을 하였다. 설봉 스님이 말씀하시기를 "그대는 친히 영산에 있었어야 될 뻔했다. 그대가 영산에 있어야 바야흐로 이와 같을 수가 있을 것이다."라고 하니 현사가 말하기를 "내 집의 일인 것입니다."라고 하였다. 『오등회원(五燈會元)』, 「설봉의존장(雪峰義存章)」.

53) 석공가전(石鞏架箭): 석공 혜장 선사는 본래 사냥으로 업을 삼았으나 마조 스님을 참예하여 도를 이루었다. 그 후 학인을 제접할 때 누가 와서 법을 물으면 활에 화살을 메어 쏘려는 시늉을 하였다. 『경덕전등록(景德傳燈錄)』, 卷6.

54) 천황호병(天皇餬餠): 천황 선사는 떡을 공양하면 꼭 하나씩 남겼는데, 후손들에게 복을 남겨 주기 위한 것이라고 했다. "천황 선사는 자손에게 음덕을 쌓았으니, 하나의 떡으로 천년 동안 우리 불문 빛나게 하셨다(天皇廎子孫 一枚餬餠子 千載耀吾門)." 『건중정국속등록(建中靖國續燈錄)』, 卷30.

55) 국사수완(國師水椀): 혜충(慧忠) 국사가 자린공봉(紫璘供奉)에게 한 사발의 물에 일곱 알의 쌀을 넣고서, 젓가락 하나로 찍어내어 가져오라고 했다. 『벽암록(碧嚴錄)』, 제48칙.

56) 운문삼구(雲門三句): 운문이 말하기를 "나에게 세 구가 있으니, 너희 모든 사람에게 보이리라. 한 구는 함개건곤(函蓋乾坤: 하늘과 땅을 덮고 담음)이며, 한 구는 재단중류(截斷衆流: 모든 흐름을 끊어버림)이며, 한 구는 수파축랑(隨波逐浪: 파도를 타고 물결을 따름)이다. 만일 변론할 수 있다면 참학분(參學分)이 있는 것이며, 만일 변론하지 못한다면 장안 길거리의 곤곤지(輥輥地)이다."라고 하였다. 『운문록(雲門錄)』 하(下).

57) 동산오위(洞山五位): 동산 양개 선사가 제창한 오위(五位)를 말한다. 동산 선사가 수행인을 접화(接化)하는 수단으로 변정회호(偏正回互)의 이치에 의하여 정중변(正中偏) 등의 오위의 분별을 개시(開示)한 것. 『경덕전등록(景德傳燈錄)』, 卷17.

58) 영운견도화(靈雲見桃花): 영운 스님이 위산 영우 선사의 회상에 있을 때 복숭아 꽃을 보고 크게 깨닫고, 다음과 같은 게송을 지었다. "삼십 년 동안 칼 찾는 손님이 몇 번이나 잎이 지고, 몇 번이나 가지가 돋아나는 것을 만났던고. 한 번 복숭아꽃을 본

(道吾樂神)⁶¹⁾, 위산수고(潙山水牯)⁶²⁾, 분양사자(汾陽師子)⁶³⁾, 백장권석(百丈捲席)⁶⁴⁾, 구지일지(俱胝一指)⁶⁵⁾는 모두 선지식이 큰 보시의

후에, 바로 지금까지 다시는 의심하지 않았다(三十年來尋劍客 幾逢落葉幾抽枝 自從一見桃華後 直至如今更不疑)."라고 했다. 『경덕전등록(景德傳燈錄)』, 卷11.

59) 법안투성색(法眼透聲色) : 법안 스님에게 어느 승이 묻기를 "성과 색 두 글자를 어떻게 하여야 뚫어 낼 수 있습니까?"라고 하니, 사가 말하기를 "대중이여! 만일 이 승려의 묻는 것을 알면, 성색을 뚫어내는 것이 또한 어렵지 않다."라고 하였다. 『법안문익선사어록(法眼文益禪師語錄)』, 『대정장(大正藏)』, 47.

60) 수산신부(首山新婦) : 어떤 승려가 수산(首山)에게 묻기를 "어떤 것이 부처님입니까?" 하니 수산이 대답하기를 "신부가 나귀를 타고 있으면 시어머니가 끌고 가느니라." 했다. 『오등회원(五燈會元)』, 卷11.

61) 도오악신(道吾樂神) : 도오 화상이 낙도가를 부르니 악신(樂神)이 절하며 무릎 꿇다. 도오 화상의 낙도가 중 "참도 아니고 거짓도 아님이여, 북치는 악신이 절하며 무릎 꿇네(不是眞 不是僞 打鼓樂神施拜跪)."라는 구절이 있다. 『선문제조사게송(禪門諸祖師偈頌)』, 4권. 단하화상습원주음(丹霞和尙習元珠吟) 2수.

62) 위산수고(潙山水牯) : 위산이 어느 날 대중에게 말하기를 "노승이 백년 뒤에 산 밑 단월(檀越)의 집에 한 마리의 암소(水牯)로 태어나리라. 그리고 그 암소 오른쪽 옆구리에 '위산승영우'라고 다섯 자가 쓰여 있을 것이니, 그때에 만일 위산승 영우(靈祐)라고 부르면 곧 수고우일 것이고, 만일 수고우라고 부르면 곧 위산승 영우일 것이다. 이때를 당하여 한 번 불러 보아라. 무엇이라 불러야 하겠는가?" 했다. 말을 듣고 있던 앙산이 나와서 절하고 들어가다. 『위산영우선사어록(潙山靈祐禪師語錄)』, 『대정장(大正藏)』, 47.

63) 분양사자(汾陽師子) : 분양의 3종 사자. 부산 법원(浮山法遠)이 대중에게 보인 것이다. 분양 선소(汾陽善昭)는 학인의 우열을 사자의 모습으로 예로 들었다. 첫째, 특출한 종지와 특이한 안목을 갖춘 이(超宗異目). 보통의 사자와 다른 눈을 가지고, 견해도 초월한 학인은 스승의 법을 배우기에 적합하며, 진실한 도를 배우는 사람이다. 둘째, 보통 사자와 같은 이(齊眉俱躅). 아무런 장점이 없는 학인은 스승의 덕을 감한다. 셋째, 그림자만 보고도 놀라고, 메아리만 들어도 놀라는 이(影響音聞). 외부의 잡음에만 신경을 쓰는 자는 보통 사람과 다르지 않다. 『오가종지찬요(五家宗旨纂要)』.

64) 백장권석(百丈捲席) : 하루는 마조가 법당에 오르자 대중이 모였다. 겨우 법석에 올랐는데, 조금 있다가 백장이 바로 앞의 배석(拜席)을 걷어 버리니 마조는 그대로 법석에서 내려왔다. 『경덕전등록(景德傳燈錄)』, 卷6.

65) 구지일지(俱胝一指) : 구지 화상은 천룡 화상께서 한 손가락을 세워 보이는 것을 보고 단박 깨달았다. 그 뒤로는 학인이 법을 물으면 오직 손가락 하나만 들어 보였다. 『오등회원(五燈會元)』, 卷4.

문을 연 것이다. 옛 스님이 다음과 같이 말했다.

盡十方世界　　온 시방 세계가
是箇解脫門　　하나의 해탈문이다.
把手拽不入　　손을 잡아 끌어도 들어오지 않을지언정
有何壅塞耶　　어찌 막힘이 있겠는가.

그러므로 "크게 베푸는 문을 여니 막힘이 없다."라고 하였다.

有人問我解何宗하면
報道摩訶般若力하리라
어느 사람이 나에게 무슨 종지를 아느냐 물으면
마하반야 힘이라 말하리라

若或有人이 問我解何宗旨오하면 報道摩訶般若力也라하리라 梵語摩訶는 此云大多勝이니 卽多含不翻也요 梵語般若는 此云智慧니 卽生善不翻也라 言摩訶般若者는 信解면 則位齊諸祖요 受持면 則福盖人天이라 故傳云 故知般若는 是善惡徑之導師요 迷暗室之明炬요 生死海之智檝이요 煩腦病之良醫요 破邪山之大風이요 敵魔軍之猛將이요 照幽途之赫日이요 警昏識之迅雷요

執愚盲之金篦요 沃渴愛之甘露요 截疑網之慧劍이요 給孤乏之
寶珠라하니 若般若不明이면 萬行虛設이라 故云 摩訶般若力也
라하니라

만일 어떤 사람이 나에게 "무슨 종지를 아느냐?"고 묻는다면, 마하반야의 힘이라 말하리라. 산스크리트어의 '마하'는 번역하면 '크다' '많다' '수승하다'라는 것이다. 여러 가지의 뜻을 함축하고 있기에 번역하지 않았다. 산스크리트어의 '반야'는 번역하면 '지혜'라고 한다. 좋은 의미를 내므로 번역하지 않았다. '마하반야'라고 말한 것은, 믿고 이해하면 지위가 모든 조사와 같고, 받아 지니면 복이 인간과 천상을 덮는다는 것이다.

그러므로 전(傳)에 이르기를 "이런 까닭에 반야는 나쁜 길을 다스리는 도사(導師)요, 어두운 방을 밝히는 횃불이요, 생사 바다의 지혜 돛대요, 번뇌 병의 훌륭한 의사요, 사악한 산을 격파하는 큰 바람이요, 마군을 대적하는 용맹스런 장수요, 어두운 길을 비춰주는 빛나는 태양이요, 혼미한 식심(識心)을 경각시키는 빠른 번개요, 어리석고 어두운 눈을 치료하는 수술 칼〔金篦〕이요, 애욕의 갈증을 없애주는 감로수요, 의심의 그물을 끊어주는 지혜의 칼이요, 외롭고 궁핍함을 넉넉히 해주는 보주(寶珠)라는 것을 알아라."라고 했다. 만일 반야를 밝히지 못하면 온갖 행〔萬行〕이 헛되이 베풀어 질 것이다. 그러므로 '마하반야 힘'이라고 했다.

或是或非人不識이요
逆行順行天莫測이로다
혹 옳고 혹 그름을 사람들이 알지 못하고
역행(逆行)과 순행(順行)을 하늘도 헤아릴 수 없도다

般若之力이 旣得現前하니 以大悲心으로 入廛垂手하야 接物利生하고 縱橫應用하여 種種施爲 皆爲佛事라 譬如耆婆 攬草에 信手拈來 皆爲妙藥일새 故經云 得念失念이 無非解脫이요 成法破法이 皆名涅槃이요 智慧愚癡 通爲般若요 菩薩外道의 所成就法이 同是菩提요 無明眞如가 無異境界요 諸戒定慧와 及淫怒癡 俱是梵行이라하니 故云 或是或非人不識이요 逆行順行天莫測也라하니라

반야의 힘이 이미 앞에 나타났으니 큰 자비심으로써 저자에 들어가 손을 드리워 중생들을 접인하여 이익케 하고, 종횡으로 응용하여 갖가지로 실행하는 것이 모두 불사(佛事)다. 비유하자면 기바(耆婆, ?~?)[66]가 풀을 뽑을 적에 손 가는 대로 집어도 모두가

---

66) 기바 : 인도의 사위성에 살던 의사. 부처님의 풍병과 아나율(阿那律)의 눈병, 아난(阿難)의 창병 등을 치료하여 의왕(醫王)으로 존경받았다. 특히 아사세(阿闍世)가 부왕을 살해한 후 뉘우치고 있을 때, 그를 석가에게 귀의시킨 일은 유명하다.

묘약(妙藥)인 것과 같다.

그러므로 경에 이르기를 "바른 생각을 얻거나 바른 생각을 잃거나 해탈 아닌 것이 없고, 법을 성취하거나 법을 파괴하는 것이 모두 열반이고, 지혜롭고 어리석음이 통틀어 반야이고, 보살이나 외도가 성취한 법이 같이 깨달음이고, 무명과 진여가 다른 경계가 아니요, 모든 계·정·혜 및 음욕과 성냄과 어리석음이 모두가 청정한 행[梵行]이다."67)라고 하였다. 그러므로 "혹 옳고 혹 그름을 사람들이 알지 못하고, 역행과 순행을 하늘도 헤아릴 수 없다."라고 했다.

吾早曾經多劫修니
不是等閑相誑惑이로다
내, 일찍이 많은 겁 지나며 수행했으니
부질없이[等閑] 서로 속이거나 미혹케 함이 아니네

永嘉自云 我今於法受用에 得其自在는 莫非宿有般若種性이어니 豈是今等閑之事리오하니 嘗試論之曰 佛道長遠하니 久受勤苦라야 乃可得成이어늘 今永嘉는 纔往曹溪에 便悟般若하고 能

---

67) 『원각경(圓覺經)』 「청정혜보살장(淸淨慧菩薩章)」.

說法利人耶아하고 假使有人이 致難問我인댄 我卽報言호대 吾
非今生一世所修며 乃至非三四五劫 修習般若라하리라 故云 多
劫修也라하니라 旣是多劫修習이니 非是等閑以言欺誑하야 惑亂
汝等이라 故云 不是等閑相誑惑也라하니라

영가 대사께서 스스로 말하기를 "내가 지금 법을 수용하는 데
에 자재함을 얻은 것은 숙세(宿世)에 반야 종성(種性)이 있었기 때
문이니, 어찌 지금 부질없는〔等閑〕 일이겠는가?"라고 하였으니,
시험 삼아 이를 논해 보겠다.

"불도는 장구하고 원대하니, 오랫동안 부지런히 닦고 고행을
겪어야 성취할 수 있는 것인데, 지금 영가 대사는 조계(曹溪 : 육조
혜능 조사)에 가서 곧 반야를 깨닫고 능히 법을 말씀하여 사람들을
이익케 하였는가."라고 가령 어떤 사람이 힐난하며 나〔我 : 永嘉〕에
게 묻는다면, 나는 그에게 대답하되 "나는 금생의 한 세상에 닦
은 것이 아니며, 또한 세 겁, 네 겁, 다섯 겁 동안 반야를 닦은 것
이 아니다."라고 했을 것이다. 그러므로 "많은 겁에 수행했다."라
고 말한 것이다.

이미 많은 겁에 닦고 익혔으니, 이것은 부질없이 말로써 그대
들을 속이거나 헷갈리게 한 것〔惑亂〕이 아니라는 것이다. 그러므
로 "부질없이 서로 속이거나 미혹케 함이 아니다."라고 말하였다.

建法幢 立宗旨여
明明佛勅曹溪是라
법의 깃발 세우고 종지 세움이여
밝고 밝은 부처님 법 조계가 이것이라

諸佛出世로 以至天下老和尙出世히 皆是建大法幢하고 竪立宗旨也라 明明佛勅曹溪是者는 祖師 從西土至此하야 道傳至六祖히 其所建立이 已成法席矣라 非獨諸佛冥加로 宿受記莂하야 而弘大事라 乃從我佛釋迦如來 親傳心印하야 至曹溪일새 故云 明明佛勅曹溪是也라하니라 所言法幢者는 幢은 以建立爲義也라 故知建立法幢은 實非小緣이라 諸佛出世하야 爲一大事因緣이 皆爲此也며 無量菩薩 帶果行因도 亦爲此也며 諸二乘人이 內藏菩薩行하고 外現是聲聞도 亦爲此也며 以至梵王前引하고 帝釋後隨도 亦爲此也니라 諸經은 皆以一法爲主하고 衆法爲伴하야 遞相建立也라 故下文에 明西竺此土에 建立法幢之義니라

모든 부처님께서 세상에 출현하심으로부터 천하 노화상이 출세함에 이르기까지 모두 큰 법의 깃발을 세우고 종지를 세웠다. '밝고 밝은 부처님 법 조계가 이것이다'라는 것은 조사가 인도에서 중국에 와 도를 전하여 육조에 이르기까지 그 건립한 것이 이

미 법석을 이루었다는 것이다. 모든 부처님께서 가만히 가피하므로 일찍이 수기를 받아 큰일을 넓혔을 뿐만 아니라, 이에 우리 부처님 석가여래께서 친히 심인(心印)을 전하여 조계에 이르렀다. 그러므로 "밝고 밝은 부처님 법 조계가 이것이다."라고 말한 것이다.

'법의 깃발〔法幢〕'이라 말한 것은, 깃발〔幢〕이란 세우는 것으로 의의를 삼는다. 그러므로 법의 깃발을 세우는 것은 실로 작은 인연이 아닌 줄 알겠다. 모든 부처님이 세상에 출현하시어 일대사(一大事) 인연을 위한 것은 모두 이것을 위한 것이며, 한량없는 보살들이 과위(果位)를 가지고 인위(因位)를 행하는 것 또한 이것을 위한 것이며, 모든 이승(二乘 : 성문·연각)인들이 안으로 보살행을 감추고 밖으로 성문(聲聞)을 나타내는 것 또한 이것을 위한 것이며, 범왕이 앞에서 이끌고 제석이 뒤따르는 것에 이르기까지도 또한 이것을 위한 것이다. 모든 경(經)은 다 한 법〔一法〕으로 주를 삼고 온갖 법으로 객을 삼아 서로 갈마들어 건립한 것이다. 그러므로 아래 글에서 인도와 중국에 법의 깃발을 세운 의의를 밝혔다.

第一迦葉首傳燈하사
二十八代西天記로다

첫 번째 가섭이 맨 먼저 법등(法燈)을 전하사
28대〈달마조사까지가〉
인도〔西天〕의〈전등〉 기록이로다

始自世尊이 靈山會上에 以靑蓮目瞬視하시고 迦葉微笑하니 吾有正法眼藏을 分付摩訶大迦葉하노라하니라 是最初傳法일새 故云 首傳燈也라하니라 二十八代西天記者는 初祖迦葉이 傳二祖阿難하고 阿難이 傳三祖商那和修하고 修 傳四祖優婆鞠多하고 多 傳五祖提多迦하고 迦 傳六祖彌遮迦하고 迦 傳七祖婆須密하고 密이 傳八祖佛馱難提하고 提 傳九祖伏馱密多하고 多 傳十祖脇尊者하고 者 傳十一祖富那夜奢하고 奢 傳十二祖馬鳴하고 鳴 傳十三祖迦毗摩羅하고 羅 傳十四祖龍樹하고 樹 傳十五祖迦那提婆하고 婆 傳十六祖羅睺羅多하고 多 傳十七祖僧伽難提하고 提 傳十八祖伽耶舍多하고 多 傳十九祖鳩摩羅多하고 多 傳二十祖闍夜多하고 多 傳二十一祖婆修盤頭하고 頭 傳二十二祖摩拏羅하고 羅가 傳二十三祖鶴勒那하고 那 傳二十四祖師子하고 子 傳二十五祖婆舍斯多하고 多 傳二十六祖不如蜜多하고 多傳二十七祖般若多羅하고 羅 傳二十八祖菩提達磨일새 故云 二十八代西天記也라하니라

처음 세존께서 영산회상에서 푸른 연꽃 같은 눈을 깜박여 보이시자, 가섭이 미소를 지으니, "나에게 정법안장이 있는데, 이를

마하 대가섭에게 분부(分付)하노라."라고 하셨다. 이것이 최초로 법등을 전한 것이다. 그러므로 "맨 먼저 법등을 전했다."라고 말하였다.

'28대 〈달마 조사까지가〉 인도(西天)의 〈전등〉 기록'이라는 것은 초조 가섭이 2조 아난에게 전하고, 아난이 3조 상나화수에게 전하고, 상나화수는 4조 우바국다에게 전하고, 우바국다는 5조 제다가에게 전하고, 제다가는 6조 미차가에게 전하고, 미차가는 7조 바수밀에게 전하고, 바수밀은 8조 불타난제에게 전하고, 불타난제는 9조 복타밀다에게 전하고, 복타밀다는 10조 협존자에게 전하고, 협존자는 11조 부나야사에게 전하고, 부나야사는 12조 마명에게 전하고, 마명은 13조 가비마라에게 전하고, 가비마라는 14조 용수에게 전하고, 용수는 15조 가나제바에게 전하고, 가나제바는 16조 나후라다에게 전하고, 나후라다는 17조 승가난제에게 전하고, 승가난제는 18조 가야사다에게 전하고, 가야사다는 19조 구마라다에게 전하고, 구마라다는 20조 사야다에게 전하고, 사야다는 21조 바수반두에게 전하고, 바수반두는 22조 마나라에게 전하고, 마나라는 23조 학륵나에게 전하고, 학륵나는 24조 사자에게 전하고, 사자는 25조 바사사다에게 전하고, 바사사다는 26조 불여밀다에게 전하고, 불여밀다는 27조 반야다라에게 전하고, 반야다라는 28조 보리달마에게 전하였다. 그러므로 "28대 〈달마조사까지가〉 인도(西天)의 〈전등〉 기록"이라 하였다.

法東流 入此土여
菩提達磨爲初祖라
법이 동쪽으로 흘러 이 땅에 들어옴이여
보리달마가 초조(初祖)가 되었도다

梵語菩提達磨는 此云覺法이라 西竺爲二十八祖요 此土爲初祖라 本南天竺國香至王의 第三太子也라 遇二十七祖러니 祖知其密迹으로 發明心要하고 乃記之曰 未可遠遊요 且止南天이라가 待吾滅後六十七載하야 當往震旦하야 大興佛事하라 汝至南方에 勿住하라 彼唯好有爲功業하고 不見佛理하니 汝縱到彼라도 不可久留니라 聽吾偈하라 云 路行跨水復逢羊하니 獨自悽悽暗渡江하리라 日下可憐雙象馬여 二株嫩桂久昌昌하리라 師在本國하야 以知見力으로 破彼六宗異見法師하야 令其捨小歸大하니 一은 有相宗이요 二는 無相宗이요 三은 定慧宗이요 四는 戒行宗이요 五는 無得宗이요 六은 寂靜宗이라 各封已解하야 別展化源하니 聚落崢嶸하고 徒衆甚盛이라 大師 乃喟然歎曰 彼之一師도 已陷牛跡이온 況復支離繁盛하야 而分六宗하니 我若不除면 永纏邪見이라하고 一一說其宗旨하야 各自知無所歸하니 然後返本悟入하다 大師는 學該三藏하고 尤專定業하야 非不知也라 師自南天竺으로 泛海하야 經涉三年하니 時는 普通八年九月二十一

日이라 至廣州하니 刺史蕭昂이 表聞武帝한대 帝覽奏遣使하야 齋詔迎請하니 十月一日에 至金陵이라 詔迎至金陵하니 帝問朕卽位已來에 造寺寫經度僧이 不可勝紀이니 有何功德이닛고 師曰 此但人天小果요 有漏之因이니 如影隨形이라 雖有나 非實이니다 帝曰 如何是眞功德이닛고 師曰 淨智妙圓하고 體自空寂하니 如是功德은 不以世求니다 帝問 如何是聖諦第一義이닛고 師曰 廓然無聖이니다 帝曰 對朕者誰오 師曰 不識이니다 帝不領悟하니 師知機不契하고 是月十九日에 潛回江北하야 十一月二十三日에 屆于洛陽하니 當後魏孝明帝大和十年也라 寓止于嵩山 小林하야 面壁而坐하야 終日默然하니 人莫測之라 卽禪宗初祖也니라

산스크리트어의 '보리달마'는 번역하면 '각법(覺法)'이라 한다. 인도에서는 28조가 되고, 중국에서는 초조(初祖)가 된다. 본래 남인도〔南天竺國〕 향지왕(香至王)의 셋째 왕자였다. 27조 반야다라를 만났는데, 반야다라 조사께서는 그가 깊은 행적으로 심요(心要)를 발명한 것을 알았다. 이에 보리달마에게 수기하여 말하기를 "아직 멀리 가지 말고 우선 남천축국에 머물다가 내가 멸도한 후 67년을 기다려 중국으로 건너가서 반드시 불사(佛事)를 크게 일으켜라. 그대가 남방에 이르거든 거기에는 머물지 말라. 그들은 오직 유위(有爲)의 공업만 좋아하고 부처님의 진리는 보지 못하였으니, 그대가 설령 그곳에 이르더라도 오래 머물러서는

안 된다. 나의 게송을 들으라."하고 다음과 같이 말하였다.

路行跨水復逢羊　길을 가다 물을 건너 다시 양(羊)을 만나니
獨自悽悽暗渡江　홀로 쓸쓸히 몰래 강을 건너리라.
日下可憐雙象馬　한 낮에 가련한 두 마리 코끼리와 말
二株嫩桂久昌昌　두 그루 여린 계수나무 오래도록 창성하리라.[68]

대사가 본국에 계시면서 지견(知見)의 힘으로 여섯 종(宗)의 견해가 다른 법사를 타파하여 그들로 하여금 작은 것을 버리고 큰 것으로 돌아오도록 하였으니, 첫째 유상종(有相宗), 둘째 무상종(無相宗), 셋째 정혜종(定慧宗), 넷째 계행종(戒行宗), 다섯째 무득종(無得宗), 여섯째 적정종(寂靜宗)이다. 각기 자기의 견해에 사로잡혀 별도로 교화의 근원을 펴니 취락이 드높고 무리들이 매우 성하였다. 대사가 이에 한숨을 쉬면서 탄식하여 말하기를 "저 한 스승도 이미 소(牛)의 발자취에 빠졌는데, 하물며 또 어수선하게 번성하여 여섯 종으로 나뉘어졌음에랴. 내가 만일 그들을 제거하

---

68) 『전등록(傳燈錄)』, 제28조 보리달마(菩提達磨) 부분 참조. '길을 가다 물을 건너(路行跨水)'의 '行'과 '水'는 衍을 파자(破字)한 것으로 양(梁) 무제(武帝) 소연(蕭衍)을 예언한 것이고, '다시 양을 만나니(復逢羊)'의 '羊'은 '陽'과 같은 것으로, 낙양에 이른다는 것을 예언한 것이다. '홀로 쓸쓸히 강을 건넌다(獨自悽悽暗渡江)'라는 것은 양무제와 헤어져 양자강을 건너는 것을 예언한 것이다. '두 마리 코끼리와 말'의 코끼리는 두 임금, 두 말은 보리류지(菩提流支)와 광통(光統) 두 사람을 말한다. 두 그루 계수나무는 소림(少林)을 뜻하고, '久'는 '九'와 같은 것으로, 9년만에야 법이 비로소 번성하리라는 것이다.

지 않으면 영원히 삿된 견해에 속박될 것이다." 하고 이에 하나 하나 그 종지를 말씀하여 각각 스스로 귀의할 바가 없음을 알게 하니, 그런 뒤에 〈그들이〉 근본으로 돌아가 깨달았다.

  대사는 삼장의 학문을 두루 갖추었고, 더욱 선정의 업을 전일하게 닦아 모르는 것이 없었다. 대사가 남인도로부터 바다에 배를 띄워 3년이 걸려 도착하였으니, 때는 보통(普通) 8년[69] 9월 21일이었다. 광주에 이르니 광주자사 소앙(蕭昻)이 무제(502~549)에게 표문을 올려 알렸다. 무제는 표문을 보고 사신에게 조서를 보내 청하여 맞이하니, 10월 1일에 금릉에 이르렀다. 조서로 맞이하므로 금릉에 이르니, 무제가 대사에게 묻기를, "짐이 즉위한 이후로 사원을 짓고 경을 쓰고〔寫經〕 도첩을 내려 승려를 배출한 것을 이루 다 기록할 수 없으니, 어떠한 공덕이 있습니까?"라고 하니 대사가 "이것은 다만 인천의 소과(小果)요 유루(有漏)의 인(因)이니, 마치 그림자가 형체를 따르는 것과 같습니다. 비록 있으나 진실한 것이 아닙니다."라고 했다. 무제가 "어떤 것이 참된 공덕입니까?"라고 하니, 대사가 "청정한 지혜는 묘하고 원만하며 그 체성이 스스로 공적하니, 이러한 공덕은 세상에서 구할 수 없습니다."라고 했다.

  무제가 "어떤 것이 성제(聖諦 : 성스러운 진리)의 제1의(第一義)입니까?"라고 하니, 대사가 "텅 비어 성스러운 것도 없습니다."라고

---

69) 보통(普通) 8년 : 서기 527년. 연표에 의하면 대통(大通) 1년에 해당함.

했다. 무제가 "짐을 마주하고 있는 분은 누구입니까?"라고 하니, 대사가 "알 수 없습니다."라고 했다. 무제가 그 뜻을 깨닫지 못하니, 대사는 기연이 계합되지 않음을 알고, 그 달(10월) 19일에 가만히 양자강 북쪽으로 돌아가 11월 23일에 낙양에 이르니, 후위(魏) 효명제(孝明帝, 515~528) 대화 10년[70]에 해당한다. 숭산 소림사에 우거하면서 면벽하고 앉아 종일토록 말이 없었으니, 사람들이 그를 헤아릴 수 없었다. 그가 바로 선종의 초조이다.

六代傳衣天下聞하니
後人得道何窮數아
육대(六代)에 의발 전한 것 천하에 들리니
뒷사람이 도 얻은 것, 그 수를 다 셀 수 있겠는가

大師 旣少室九年에 未有知音이러니 時有僧神光者하니 曠達之士也라 久居伊洛하야 博覽群書하고 善談玄理나 每歎曰 孔老之敎는 禮術風規요 莊易之書는 未盡妙理라 近聞達磨大師 住止少林하니 至人不遙라 當造玄境이라하고 乃往彼하야 晨夕參承이

---

70) 대화 10년 : 대화(大和)는 효문제(孝文帝, 471~499)의 연호이며, 대화 10년은 서기 486년에 해당한다. 효명제 연간에 대화라는 연호는 사용하지 않았다.

나 師常端坐面壁하니 莫聞誨勵라 光自惟曰 昔人求道에 敲骨取髓하고 刺血濟飢하고 布髮掩泥하고 投崖飼虎라 古尙若此어늘 我又何人이리오하다 其年十一月九日夜에 天大雨雪이어늘 光 堅立不動하야 達明 積雪過膝이라 師 憫而問曰 汝久立雪中은 當求何事오 光 悲淚曰 惟願和尙慈悲로 開甘露門하야 廣度群品하소서 師曰 諸佛無上妙道는 曠劫精勤하야 難行能行하며 非忍而忍이어늘 豈以小德小智 輕心慢心으로 欲冀眞乘이리오 徒勞勤苦라하니 光 聞師誨勵하고 潛取利刀하야 自斷左臂하야 置于師前하니 師 知是法器하고 乃曰 諸佛最初求道는 爲法忘形이라 汝今斷臂吾前하니 求亦可在라하고 遂易名曰慧可라하다 光曰 諸佛法印을 可得聞乎잇가 師曰 諸佛法印은 匪從人得이니라 光曰 我心未寧하니 乞師與安하소서 師曰 將心來하라 與汝安호리라 光曰 覓心 了不可得이니다 師曰 我與汝安心竟이니라 旣從此悟入하야 卽爲二祖也라 所云 六代傳衣者는 二祖 旣得之初祖하야 皆以衣鉢相傳하다 初祖自西竺으로 傳衣東土하야 以表其信이러니 至曹溪六祖하야 其道已行일새 更不傳衣하고 唯傳法也라 達磨傳可하고 可 傳璨하고 璨 傳信하고 信 傳忍하고 忍 傳能하니 能卽曹溪六祖大師也라 其道 盛行於世하니 謂之六代傳衣天下聞也라 自後得道者 不可勝數라 故云 成佛作祖者 匝地普天하고 參禪學道者 如麻似粟이라하니 故云 後人得道何窮數也리오 하니라

대사가 이미 소실(少室)에서 9년을 지냈으나 아직껏 지음(知音)이 없었다. 그때 신광(神光)이라는 승려가 있었는데, 훤하게 통달한 이였다. 오랫동안 이락(伊洛)에 살면서 많은 책을 널리 열람하였고 현묘한 이치를 잘 말하였지만 항상 탄식하며 말하기를, "공자와 노자의 가르침은 예법·술수·풍속·법도이며, 『장자』와 『주역』은 오묘한 이치를 다하지 못하였구나. 근래에 듣자니 달마 대사께서 소림에 주석하고 계신다 하니 지인(至人)이 멀리 계시지 않다. 마땅히 현묘한 경계에 나아가리라." 하고 바로 그곳에 가서 아침 저녁으로 예배하고 받들었으나 대사는 항상 단정히 앉아 면벽하니, 가르침과 책려함을 들을 수 없었다.

신광이 스스로 생각하기를 "옛 사람은 도를 구할 적에 뼈를 두드려 골수를 취하고, 〈살을〉 찔러 피를 내어 배고픈 이를 구제하고, 머리털을 펴서 진흙을 가리고, 낭떠러지에 〈몸을〉 던져 범에게 먹였다. 옛 사람도 오히려 이와 같이 하였는데, 나는 또 어떠한 사람인가." 하였다. 그 해 11월 9일 저녁에 하늘에서 큰 눈이 내렸는데, 신광은 굳게 서서 꼼짝하지 않았다. 새벽녘에 이르자 눈이 쌓여 무릎 위까지 올라왔다.

대사가 가엾게 생각하고 묻기를 "네가 오랫동안 눈 속에 서 있는 것은 마땅히 무슨 일을 구해서인가?"라고 하니, 신광이 슬피 눈물을 흘리며 "오직 원하옵건대 대사께서는 자비로 감로문을 열어 중생을 널리 제도하소서."라고 했다.

대사가 "모든 부처님의 위 없는 최상의 오묘한 도는 오랜 겁

동안 부지런히 힘써서 행하기 어려운 것을 능히 행하고 참지 않아도 될 것을 참아야 하는 것인데, 어찌 작은 덕, 작은 지혜, 경솔한 마음, 거만한 마음으로 진실한 법[眞乘]을 바라고자 하는가. 한갓 수고롭고 괴로울 뿐이다."라고 하였다. 신광은 대사의 가르침과 책려함을 듣고 가만히 예리한 칼을 꺼내어 스스로 왼쪽 팔을 잘라 대사 앞에 놓으니, 대사는 그가 법의 그릇임을 알고서 "모든 부처가 최초에 도를 구할 적에는 법을 위해 몸을 잊었다. 그대가 지금 내 앞에서 팔을 잘랐으니, 구하는 것이 또한 있을 것이다." 하고, 드디어 이름을 바꾸어 '혜가(慧可)'라고 불렀다.

신광이 "여러 부처님의 법인(法印)을 들려주실 수 있겠습니까?" 하니, 대사가 "여러 부처님의 법인(法印)은 남에게서 얻는 것이 아니다."라고 하였다. 신광이 "제 마음이 편치 못하니, 스님께 원하옵나니 편안함을 주소서." 하니, 대사가 "마음을 가져 오너라, 그대에게 편안함을 주리라." 하였다. 신광이 "마음을 찾아도 마침내 찾을 수가 없습니다." 하니, 대사가 "내가 그대의 마음을 편안하게 하여 주었노라."라고 하였다. 이 말을 듣고서 깨달아 바로 이조(二祖)가 되었다.

'육대(六代)에 걸쳐 의발을 전한 것'이라고 한 것은, 이조(二祖) 혜가가 이미 초조 달마에게서 전해 받아, 이렇게 모두 의발로 서로 전하였다. 초조가 인도에서 와 중국에 의발을 전하여 그것으로 믿음을 표했더니, 조계 육조에 이르러 그 도가 이미 행해졌으므로, 다시 의발을 전하지 않고 오직 법만을 전하였다.

달마는 혜가에게 전하고, 혜가는 승찬에게 전하고, 승찬은 도신에게 전하고, 도신은 홍인에게 전하고, 홍인은 혜능에게 전하니, 혜능은 바로 조계 육조 대사이다. 그 도가 세상에 성행하니, "육대(六代)에 의발 전한 것이 천하에 들렸다."라고 하였다.

그 후로부터 도를 얻은 자는 이루 다 셀 수가 없었다. 그러므로 "부처를 이루고 조사가 된 자가 하늘과 땅에 두루 찼고, 선을 참구하고 도를 배우는 자가 삼대와 좁쌀같이 많다."고 하였다. 그래서 "뒷사람이 도 얻은 것, 그 수를 다 셀 수 있겠는가."라고 하였다.

眞不立 妄本空이여
有無俱遣不空空이라
참됨도 설 수 없고 허망함도 본래 공함이여
유와 무를 모두 버리니 공하지 않으면서 공한 것이다

眞旣不立이요 妄亦本空이라 良由眞妄本無自性이니 因眞立妄하고 因妄立眞일새 古德云 單眞不立이요 獨妄難成也라하니라 有無雙遣者는 有無 亦相待而立이나 今旣雙遣하니 不空亦空也라 故云 有無雙遣不空空也라하니라 此之數句는 大師欲顯其法故로 雙拈眞妄有無之情爾라

참됨도 이미 설 수 없고 허망함도 본래 공한 것이다. 진실로 참됨과 허망함이 본래 자성이 없음으로 말미암은 것이니, 참됨으로 인하여 허망함이 성립되고 허망함으로 인하여 참됨이 성립된다. 옛 스님이 말하기를 "참됨만 성립되지 않고, 허망함만 이루어지기 어렵다."라고 하였다.

'유와 무를 쌍으로 버린다'는 것은 유와 무도 상대해서 세워진 것이나 지금 이미 모두 다 쌍으로 버렸으니 공하지 않으면서 또한 공한 것이다. 그러므로 "유와 무를 쌍으로 버리니 공하지 않으면서 공한 것이다."라고 하였다. 이 몇 구절은 영가 대사께서 그 법을 나타내고자 한 까닭에 참됨과 허망함과 있음과 없음의 정을 동시〔雙〕에 들어 말한 것이다.

二十空門元不着하니
一性如來體自同이로다
20공문에 원래 집착하지 않으니
한 성품은 여래의 본체와 스스로 같도다

二十空門者는 如來 破二十種執有之見이니 因成二十空名이라 故로 大般若經云 所謂內空, 外空과 內外空과 空空과 大空과 勝義空과 有爲空과 無爲空과 畢竟空과 無際空과 散空과 無變異

空과 本性空과 自相空과 共相空과 一切法空과 不可得空과 無性空과 自性空과 無性自性空이라하니 雖有二十空名이나 其體는 卽一法也라 今明法性之理이나 不同二十之空일새 故云 元不着 也라하니라 一性如來體自同者는 逈出外道六十二種異見이니 卽 與般若涅槃妙心冥合일새 故云 體自同也라하니라

'20공문'이라는 것은 여래께서 20종의 유(有)에 집착한 견해를 타파한 것이니, 이로 인하여 20공의 이름을 이룬 것이다. 이런 까닭에 『대반야경』에 이르기를 "이른바 내공(內空)과 외공(外空)과 내외공(內外空)과 공공(空空)과 대공(大空)과 승의공(勝義空)과 유위공(有爲空)과 무위공(無爲空)과 필경공(畢竟空)과 무제공(無際空)과 산공(散空)과 무변이공(無變異空)과 본성공(本性空)과 자상공(自相空)과 공상공(共相空)과 일체 법공(一切法空)과 불가득공(不可得空)과 무성공(無性空)과 자성공(自性空)과 무성자성공(無性自性空)."이라 하였으니, 비록 20개 공의 이름이 있으나 그 본체는 곧 하나의 법이다. 지금 법성의 이치를 밝혔지만 20개의 공과 같지 않은 까닭에 "원래 집착하지 않는다."라고 말하였다.

'한 성품은 여래의 본체와 스스로 같다'라는 것은 외도 62종의 이견에서 멀리 벗어남이니, 곧 반야열반묘심과 명합했기 때문에 "본체와 스스로 같다."라고 하였다.

心是根 法是塵이니
兩種猶如鏡上痕이라
마음은 뿌리요 법은 티끌이니
두 가지는 거울 위의 자국과 같도다

心是根者는 根以能生爲義라 良由此心이 能生一切善不善法일 새 故名根也며 法是塵者는 法雖能軌持萬物이나 猶如妙藥하야 病若愈則藥必無用일새 故法是塵也라 此之二法이 皆有窒碍하야 使人心光不能透漏하니 如鏡上之痕也라 所以로 云根塵相對하야 翳障心光이니 返本明心이 良由此也라하노라

'마음은 뿌리'라는 것은, 뿌리는 능히 내는(生) 것으로 의의를 삼는다. 진실로 이 마음이 일체의 선(善)과 불선(不善)의 법을 내기 때문에 '뿌리'라 이름한 것이며, '법은 티끌'이라는 것은, 법이란 만물을 궤지[任持自性·軌生物解]⁷¹⁾하나 마치 신묘한 약과 같아서 병이 치유되면 약은 쓸모가 없는 것과 같다. 그러므로 '법은

---

71) 임지자성(任持自性) 궤생물해(軌生物解): 현상계의 모든 존재는 제각기 속성을 지니고 있다. 그 속성이 궤칙이 되어 모든 이들에게 이해를 내게 한다는 뜻이다. 예를 들자면 불은 뜨거운 속성이 있기 때문에 모든 사람들이 불을 보면 뜨겁다는 생각을 내는 것과 같다.

티끌'이라 한 것이다.

　이 두 가지 법이 다 막힘과 걸림이 있어서 사람들 마음 빛이 통하여 나올 수 없게 하니, 그것은 마치 거울 위의 자국과 같다. 그러므로 육근과 육진이 상대하여 마음의 빛을 가리고 막으니, 근본으로 돌이켜 마음을 밝히는 것이 진실로 이 때문이다.

痕垢盡除光始現이요
心法雙忘性卽眞이로다
흔적인 때가 모두 다하면 빛이 비로소 나타나고
마음과 법이 둘 다 없어지면 성품이 곧 참되도다

痕垢若盡하야 心法雙亡이면 自然心光透脫하야 明見佛性也라 古德云 一翳在眼이면 空花遍界요 一妄在心이면 河沙生滅이라 翳消花盡하고 妄滅證眞이라 病差藥除요 氷消水在라 靈丹一顆가 点鐵成金이요 至理一言이 轉凡爲聖이라하니 故云 性卽眞也라하니라

　흔적인 때가 다하여 마음과 법이 둘 다 없어지면 자연히 마음의 빛이 드러나 불성을 분명하게 볼 것이다. 옛 스님이 말하기를 "하나의 티가 눈에 있으면 헛꽃이 온 데에 두루하듯, 하나의 망

념이 마음에 있으면 항하의 모래알처럼 많은 생멸심이 생긴다. 티끌이 사라지면 헛꽃이 사라지고, 허망함이 사라지면 참[眞]을 증득한다. 병이 나으면 약을 버리고, 얼음이 녹으면 물이 된다. 영단의 한 알을 무쇠에 찍으면 〈무쇠가〉 금이 되고, 지극한 이치의 한 마디 말은 범부를 바꾸어 성인을 만든다." 그러므로 "성품이 곧 참되다."라고 하였다.

嗟末法 惡時世여
衆生福薄難調制라
말법을 슬퍼하고 시세를 미워함이여
중생들의 복 엷어 조복받기 어려워라

嗟는 卽歎辭也요 世尊出世하야 轉大法輪하야 利益有情이니 正法은 一千年이요 像法도 一千年이요 末法은 一萬年이라 大師出世 正當像法하야 早嗟歎 如此하니 卽今則可知矣라 故云 嗟末法惡時世 衆生福薄難調制也라하니라 末法弘道에 不明大旨하고 各守門庭하야 互相堅執하니 盡爲法病이라 故下文可見也라

'차(嗟)'는 감탄사이다. 세존께서 세상에 나와 큰 법륜을 굴려 유정을 이익되게 하셨으니, 정법 천 년, 상법(像法)72) 천 년, 말

법 만 년이다.[73] 영가 대사께서 세상에 나오신 때가 바로 상법에 해당하여, 슬퍼하고 탄식함이 이와 같으니, 지금은 〈말하지 않아도〉 알 만하다. 그러므로 "말법을 슬퍼하고 시세를 미워함이여, 중생들의 복 엷어 조복받기 어려워라."라고 말하였다.

말법시대에 도를 펼침에 〈불법의〉 대지(大旨)를 밝히지 않고 각기 문정(門庭:주의, 주장)을 지켜 서로 견고하게 고집하니, 모두 법의 병이 된다. 그리하여 아래 글에서 볼 수 있다.

去聖遠兮邪見深하야
魔强法弱多怨害라
성인과 거리가 멀어 삿된 견해가 깊고
마는 강하고 법은 약하여 원한과 해침이 많도다

去聖遙遠하야 邪見轉深하니 於正法中에 返生怨害로다 是以로 達摩西來에 擊齒服毒이라 聖師尙爾온 豈況人師耶아 諸佛出世에 莫不興慈運悲하야 接物利生이라 魔强法弱하야 而於聖心에도

---

72) 상법(像法) : 정법과 거의 같은 법.
73) 부처님의 법이 불멸 후 천 년은 정법 시대, 다음 천 년은 상법 시대, 그 후 만 년은 말법 시대임을 뜻한다.

不知恩德이온 況今天下는 昇平日久아 國王大臣이 受佛付囑하고 弘護三寶하야 諸方에 法席興盛이라 出家之士는 當起難遇之心하고 參尋知識하야 決擇生死하고 以求出離하야 報答四恩이 卽其宜矣라 然而其中에 有雖學佛法이나 不知有敎外別傳者도 亦有之也며 有身居貴位하나 忘宿世所修하야 而於佛法에 爲其障碍者도 必有之也며 有雖傳持佛法이나 各以宗派不同으로 互相攻擊者도 亦有之也라 此皆爲法門魔事요 盡非通人이라 若是本分當人인댄 必不如是라 故로 圭峯云 諸宗門下에 皆有達人이나 然各安所習하야 通少局多라 以承禀爲戶牖하야 各自開張하고 以經論爲干戈하야 互相攻擊이라 情存函矢而遷變하고 法逐人我以高低하야 致使是非紛拏하야 莫之辨析일새 故云 魔强法弱多怨害也라하니라

성인과의 거리가 멀고 멀어 삿된 견해가 더욱 깊으니, 정법 가운데 도리어 원한과 해치는 〈마음을〉 내게 된다. 그래서 달마가 인도에서 와 이〔齒〕를 부딪치며 독약을 마셨다. 성사(聖師)도 오히려 그러했거늘 하물며 보통 사람들〔人師〕이랴.

모든 부처님께서 세상에 나오시어 자비심을 일으켜 중생을 이끌어 이롭게 하지 아니함이 없는데도 마(魔)는 강하고 법은 약하여 성인의 마음에 대한 은덕을 알지 못하였다. 오늘날 천하는 태평한 지 오래고 국왕과 대신들이 부처님의 부촉을 받고 삼보를 크게 보호하여 여러 지방에 법석이 흥성하니, 출가한 이들은 〈이

런 여건을〉 만나기 어렵다는 마음을 일으켜 선지식을 찾아 생사를 결택하여 〈생사에서〉 벗어남을 구하고 네 가지 은혜[74]에 보답함이 마땅하다.

그러나 그 가운데 비록 불법을 배웠으나 교외별전을 알지 못하는 자도 있으며, 고귀한 지위에 있어서 숙세에 닦은 바를 망각하여 불법에 장애가 되는 자도 있으며, 비록 불법을 전해 받아 지니면서도 각기 종파가 다르므로 서로 공격하는 자도 있다. 이것은 다 법문의 마사(魔事)요, 통달한 사람이 아니다. 만일 본분 당사자라면 반드시 이렇지 않다.

그러므로 규봉이 말하기를 "여러 종파의 문하에 다 달인이 있으나 각기 익힌 바에 안주하여 통달한 사람은 적고 국집한 사람은 많다. 이어받은 것으로 문호〔戶牖〕를 삼아 각기 스스로 열어 놓고, 경과 논으로 창과 방패를 삼아 서로 공격한다. 마음〔情〕은 갑옷과 화살을 〈만드는 데〉 둠에 따라 달라지고, 법은 인(人)과 아(我)에 따라 높아지고 낮아져서 시비가 어지럽게 뒤섞여 논변하거나 분석할 수 없게 되었다."라고 하였다. 그러므로 "마는 강하고 법은 약하여 원한과 해침이 많다."라고 하였다.

---

74) 네 가지 은혜 : 두 종류가 있다. 첫째는 국왕의 은혜, 부모의 은혜, 중생의 은혜, 삼보의 은혜이고, 둘째는 부모의 은혜, 스승의 은혜, 국왕의 은혜, 시주의 은혜이다.

聞說如來頓教門에
恨不滅除令瓦碎로다
여래의 돈교법문 말씀함을 듣고서
〈돈교법문〉 없애기를 기왓장 부수듯 하지 못함을
한탄하도다

如來 唯一大事因緣으로 出現於世하시니 世有魔王이라 雖與佛
同時나 而不信有圓頓法門하야 聞佛所說하고 悉皆毁謗하야 恨
不滅除 令如瓦碎也니라 世人有無大乘根性者도 亦不信有悟入
法門하야 而於釋門에 身雖出家나 尙自不信이라 故有之也니라
古德云 不可向瞖目人前하야 說空中無花하고 不可向狂病人前
하야 說面前無鬼라하니 空廢語言이요 應不信受라 直須目淨心
安하면 當自知矣리라

여래께서 오직 일대사의 인연으로 세상에 출현하시니 그 당시에 마왕이 있었다. 〈마왕은〉 비록 부처님과 같은 시대였으나 원교와 돈교의 법문 있음을 믿지 않아서 부처님께서 말씀하시는 것을 듣고 모두 다 훼방하여 기왓장 부수듯 없애버리지 못하는 것을 한탄하였다.
세상사람 중에 대승 근성이 없는 이도 또한 깨달아 들어가는

법문이 있는 것을 믿지 않아, 불문에 몸은 비록 출가하였으나 오히려 스스로 믿지 않는다. 그러므로 〈여래의 돈교법문 말씀함을 듣고서 그 법문 없애기를 기왓장 부수듯 하지 못함을 한탄하는〉 그런 자가 있다는 것이다. 옛 스님이 말하기를 "눈병 있는 사람을 향하여 '허공 꽃이 없다' 말하지 말고, 미친병을 앓는 사람 앞에서 '면전에 귀신이 없다'고 말하지 말라." 하였으니, 공연히 말만 버리고 믿어 받아들여지지 않을 것이다. 다만 눈이 맑아지고 마음이 편안해져야 마땅히 스스로 알게 될 것이다.

作在心 殃在身이여
不須怨訴更尤人이라
짓는 것은 마음에 있으나 재앙은 몸으로 받음이여
원망하고 하소연하거나 남을 허물하지 말라

世人所造無量無邊之業은 皆妄心所作일새 故云 作在心也라하니라 所感無量苦果는 地獄畜生餓鬼種種等形으로 受種種苦하나니 古德云 負鞍啣鐵爲誰來오 昔時祇爲行心錯이라하니 故云 殃在身也라하니라 皆是自作自受요 非他人所致일새 故云 不須寃訴更尤人也라하니라 世間之苦는 乃止一世나 地獄之苦는 無有窮盡이라 劒樹刀山은 種種不可說苦며 此方受盡하야도 世界壞

時에 更移他方地獄하며 受罪報盡이면 更生畜生驢馬하니 皆非
別人이요 唯自作自受也니라

　세상 사람들이 짓는 한량없고 끝없는 업은 다 망심으로 짓는
것이다. 그래서 "짓는 것은 마음에 있다."고 하였다. 〈그 업으로
인해서〉 받는 한량없는 괴로운 과보는 지옥·축생·아귀의 갖가
지 형상으로 갖가지 괴로움을 받는 것이다. 옛 스님이 다음과 같
이 말하였다.

　負鞍銜鐵爲誰來　안장 지고 재갈 문 것은 누구 탓일까.
　昔時祇爲行心錯　옛적에 마음을 잘못 썼기 때문이네.

　그러므로 "재앙은 몸으로 받는다."라고 하였다. 이 모두가 다
스스로 지은 것을 스스로 받음이요, 다른 사람이 그렇게 한 것이
아니다. 그러므로 "원망하고 하소연하거나 남을 허물하지 말라."
고 하였다.
　세간의 괴로움은 한 세상에 그치지만 지옥의 괴로움은 다함이
없다. 검수(劍樹 : 칼나무) 지옥과 도산(刀山 : 칼산) 지옥〈의 괴로
움〉은 이루 다 말할 수 없으며, 이 곳 〈지옥의 괴로움〉 받음이
다하여도 세계가 무너질 때 다시 다른 곳의 지옥으로 옮겨가고,
죄를 받는 과보가 다하면 다시 축생과 나귀와 말로 태어난다. 이
것은 모두가 다른 사람 때문이 아니고, 스스로 지어서 스스로 받

는 것일 뿐이다.

欲得不招無間業인댄
莫謗如來正法輪이어다
무간지옥 업보 부르지 않으려거든
여래의 바른 법륜을 비방하지 말라

謗法之罪는 非小過也라 毀般若罪業은 皆落地獄이라 亦非輕計
地獄이오 皆無間地獄이니 卽極重獄也라 時數久遠하야 皆論劫
數라 謗法報非一이라 具如藏經所載이니 或爲九頭龜며 或患白
癩疾等하니라 良由十方諸佛出世하여 悉皆讚歎一乘妙法하고 十
方諸佛由證法할새 故得成無上正等菩提라 今却返謗하니 其罪
宜矣라 故云 莫謗如來正法輪也라하니라

법을 비방한 죄는 작은 허물이 아니다. 반야를 훼방한 죄업은 다 지옥에 떨어진다. 가벼이 여길 지옥이 아니고 모두 무간지옥[75]이니 극히 중한 지옥이다. 시간〔時數〕이 장구하고 영원하여

---

75) 무간지옥: 고통이 끊임없으므로 무간(無間)이라 한다. 부모를 죽인 자, 아라한을 죽인 자, 승가의 화합을 깨뜨린 자, 부처의 몸에 피가 나게 한 자 등 지극히 무거운 죄를 지은 자가 죽어서 가게 된다는 지옥이다. 아비지옥이라고도 한다.

모두 겁수(劫數)로 논한 것이다. 법을 비방한 과보는 한 가지가 아니다. 구체적인 것은 장경(藏經)에 기재한 바와 같이 혹은 머리가 아홉 개가 달린 거북이가 되고, 또는 나병〔白癩疾〕을 앓는 것 등이다.

시방의 모든 부처님께서 세상에 나오시어 모두 일승묘법(一乘妙法)을 찬탄하셨고 시방의 모든 부처님께서 법을 증득했기 때문에 무상정등보리를 성취하게 되었다. 지금 〈중생들은〉 도리어 〈여래의 바른 법륜을〉 비방하니 그 죄업이 〈지옥에 떨어지기에〉 마땅하다. 그러므로 "여래의 바른 법륜을 비방하지 말라."라고 하였다.

栴檀林 無雜樹여
鬱密深沉獅子住라
전단향 나무숲에는 잡수(雜樹)가 없나니
울창하고 깊숙하여 사자가 머무네

栴檀林은 喩一眞妙境이요 無雜樹者는 無小機權位之雜也라 鬱密森沉者는 鬱密은 卽繁茂之貌也요 森沈은 卽幽邃之貌也라 獅子住者는 以喩法性之境이니 唯大乘菩薩所住일새 人天小機는 卽不能知니라 故知無上般若는 唯接上根上士요 中下之機는 卒難悟入이라 故云 栴檀林無雜樹하니 鬱密森沉獅子住也라하니라

'전단향 나무숲'은 하나의 참되고 묘한 경지(一眞妙境)에 비유한 것이요, '잡수가 없다'는 것은 소승의 방편지위(小機權位) 등(雜)이 없다는 것이다. 울밀삼침(鬱密森沈)이라는 것의 '울밀(鬱密)'은 번창하고 무성한 모양이요, '삼침(森沈)'은 그윽하고 깊은 모양이다. '사자가 머문다'는 것은 법성의 경지를 비유한 것이니, 대승 보살만이 머무는 곳이므로 인간과 천상의 작은 근기(人天小機)는 알 수 없다는 것이다.

그러므로 최상의 반야는 오직 상근기의 보살만 접인(接引)할 뿐, 중근기와 하근기의 〈중생〉은 마침내 깨달아 들어가기 어렵다. 그러므로 "전단향 나무숲에는 잡수(雜樹)가 없나니 울창하고 깊숙하여 사자가 머무네."라고 하였다.

境靜林閒獨自遊하니
走獸飛禽皆遠去로다
경계 고요하고 숲 한적한 데 홀로 노니니
길짐승 날짐승 다 멀리 달아나네

無爲大道는 唯大乘菩薩履踐이오 諸小乘人과 與諸權位行人은 不能措足이라 獅子는 喩大乘菩薩也요 走獸飛禽은 喩人天二乘 小機也라 是以 法華五千退席도 不任此事니라 一眞妙境은 唯上

士所遊일새 中下之流는 卒難摸索이라 故云 境靜林間獨自遊여
走獸飛禽皆遠去也라하니라

인위적인 것이 없는 큰 도〔無爲大道〕는 오직 대승보살만이 실천
하고, 모든 소승인과 모든 방편지위에 있는 수행인은 발 붙일 수
도 없다. 사자는 대승보살에 비유한 것이고, 길짐승과 날짐승은
인간, 천상, 성문, 연각의 작은 근기에 비유한 것이다. 그러므로
『법화경』의 '오천 비구가 법석에서 물러간 것'도 이 일을 감당하
지 못했기 때문이다. 하나의 참되고 묘한 경지〔一眞妙境〕는 상근
기의 보살이 노니는 곳이므로 중근기와 하근기의 무리들은 마침
내 모색(摸索)하기 어렵다. 그러므로 "경계 고요하고 숲 한적한
데 홀로 노니니 길짐승 날짐승 다 멀리 달아나네."라고 하였다.

獅子兒 衆隨後여
三歲便能大哮吼어니와
사자 새끼를 〈뭇짐승이〉 뒤따르나니
세 살에 곧 크게 포효하도다

所言獅子兒者는 喩菩薩初發心時에 卽便成等正覺也니 超過聲
聞緣覺과 諸小乘衆이라 故云 衆隨後也라하니라 三歲는 卽表見

性之人이 圓修三法也라 智者云 空也者는 泯一切法也요 假也
者는 立一切法也요 中也者는 妙一切法也라 空不定空이라 空處
當體 卽空卽假요 假不定假라 假處當體 卽空卽中이요 中不定
中이라 中處當體 卽空卽假라하니라 此之三法은 不縱不橫하고
不並不別이니 一處常三이요 三處常一이라 所以云 三諦三觀三
非三이요 三一一三無所寄라 諦觀名別體復同이니 是故能所二
非二也라하니라 悟入之士는 圓證三法하야 所說法門이 皆中道
實相이라 故云 三歲便能大哮吼也라하니라

'사자 새끼'라 말한 것은 보살이 처음 발심할 때 바로 등정각을 이룬 것에 비유한 것이니, 성문 연각과 모든 소승의 무리보다 뛰어난 것이다. 그러므로 "〈뭇짐승이〉 뒤따른다."고 하였다. '세 살'이란 견성(見性)한 사람이 세 가지 법을 원만히 닦는 것을 나타낸 것이다. 〈세 가지 법은〉 천태지자 대사〔智者〕가 말하기를 "공(空)이란 일체 법이 없는〔泯〕 것이요, 가(假)란 일체 법이 성립된 것이요, 중(中)이란 일체 법이 오묘한 것이다. 공(空)은 일정한 공이 아니므로 공한 곳의 당체가 곧 공이고 곧 가(假)다. 가(假)는 일정한 가가 아니므로 가한 곳의 당체가 곧 가요 곧 중(中)이다. 중(中)이란 바로 중이 아니므로 중한 곳 당체가 곧 공이요 곧 가다."라고 했다.

이 세 가지 법은 세로도 아니요, 가로도 아니요, 아우름도 아니요, 따로도 아니니 한 곳이 항상 셋이요, 세 곳이 항상 하나다. 그

런 까닭에 다음과 같이 말하였다.

三諦三觀三非三　삼제 삼관은 셋이되 셋이 아니요
三一一三無所寄　셋은 하나요, 하나는 셋이어서 붙일 곳이 없다.
諦觀名別體復同　삼제 삼관이 이름은 다르지만 체성은 같다.
是故能所二非二　그러므로 능(能)과 소(所) 둘이지만 둘이 아니다.

깨달은 사람은 세 가지 법을 원만하게 증득하여 말씀한 법문이 모두 중도실상(中道實相)이다. 그러므로 "세 살에 곧 크게 포효한다."라고 하였다.

若是野干逐法王인댄
百年妖怪虛開口로다
만일 들여우가 법왕을 쫓으려 하면
백년 묵은 요괴가 부질없이 입만 열도다

野干은 喩凡夫二乘也요 師子는 喩大乘菩薩也라 菩薩之人은 深悟法性하야 從初發心으로 便成正覺하야 所說法門이 悉皆稱性也라 二乘凡夫와 諸權位人은 不能明見佛性之者일새 所說이 不明究竟實相之理니 猶如百千妖怪虛開口하야 終無所益이라 故

云 百千妖怪虛開口라 하니라

'들여우'는 범부 이승에 비유한 것이고, '사자'는 대승보살에 비유한 것이다. 보살은 법성을 깊이 깨달아 처음 발심하면서 바로 정각을 이루어 말씀한 법문이 모두 법성에 합한다. 이승 범부와 모든 방편위[權位]에 있는 사람들은 불성을 밝게 볼 수 없기 때문에 말하는 것이 구경 실상의 이치를 밝히지 못한다. 마치 백년 묵은 요괴들이 부질없이 입만 여는 것처럼 끝내는 도움 되는 바 없다. 그러므로 "백년 묵은 요괴가 부질없이 입만 연다."라고 하였다.

圓頓敎 勿人情이여
有疑不決直須爭이어다
원돈교(圓頓敎)는 인정이 없나니
의심나는 것 해결하지 못했거든 바로 쟁론할지어다

圓은 謂圓滿이요 頓은 非漸次也요 敎者는 效也라 聖人備下之言은 詮理化物爲義也라 圓頓之敎는 不假漸次하고 超入佛境이라 傳曰 譬如太子 具王義之德하고 迦陵 超衆鳥之音也라하니라 勿人情者는 勿猶衆也라 一切衆生이 若有疑情不決이면 直須明了

니 此非世間之學이라 爲生死事大하야 實非容易라 故下文明其因果也라

'원'은 원만함이고, '돈'은 점차로 하는 것이 아니고, '교'는 본받음이다. 성인께서 갖추어 하신 말씀은 이치를 말하여 중생들을 교화하는 것으로 의의를 삼는다. 원돈(圓頓)의 가르침은 점차를 빌리지 않고 한 번 뛰어 부처의 경지에 들어가는 것이다. 전(傳)에 이르기를 "비유하자면 태자는 왕의 위의(威儀)의 덕을 갖추고, 가릉빈가는 여러 새들의 소리보다 뛰어난 것과 같다."고 하였다. '인정이 없다'는 것은 대중과 같이 하지 말라는 것이다. 일체 중생이 만일 의심(疑情)이 있는데 해결하지 못했다면 반드시 밝혀 알아야 한다. 이것은 세간의 학문이 아니다. 나고 죽는 일이 커서 실로 쉬운 것이 아니기 때문이다. 그러므로 아래 글에서 그 원인과 결과를 밝혔다.

不是山僧逞人我라
修行恐落斷常坑이니라
이 산승이 너(人)·나(我)를 드러냄이 아니라
수행함에 단견(斷見)과 상견(常見)의
함정에 떨어질까 두려워함이다

此는 是永嘉自謂也라 豈是山僧馳逞人我之心이리오 切恐未來
之際에 一切衆生이 於法門中에 發心修行이라가 錯悞用心으로
墮落斷常二見이라 此之二見은 能陷人이라 故名之爲坑이니 如
世坑壍也라 西天有九十六種外道 不出此見이라 故法華經云
若有若無等으로 依止此諸見하야 具足六十二이라하니 卽其義
也라

이것은 영가 대사께서 스스로 말씀하신 것이다. 어찌 산승이 너니 내니 하는 마음을 드러내겠는가. 미래에 일체 중생이 법문에 발심하여 수행을 하다가 마음을 잘못 씀으로써 단견(斷見)과 상견(常見)에 떨어질까 염려해서이다. 이 두 견해는 사람을 함정에 빠뜨릴 수 있다. 그래서 '함정[坑]'이라 하였다. 마치 세상의 구덩이[壍]가 〈사람을 빠뜨리는 것과〉 같은 것이다. 인도[西天]의 96종 외도가 이 〈단견과 상견의〉 견해에서 벗어나지 않는다. 그러므로 『법화경』에 이르기를 "유(有)와 무(無) 등이 이 견해에 의지하여 62견(見)[76]을 구족하였다."라고 하였으니, 곧 그 뜻이다.

---

76) 62견(見) : 『법화경』「방편품」에서 외도의 여러 주장을 62종으로 분류한 것.

非不非 是不是여
差之毫釐失千里라
그름과 그르지 않음과 옳음과 옳지 않음이여
털끝만큼 어긋나면 천리만큼이나 어긋나리라〔失〕

非不非 是不是者는 乃明是非之相하야 分明不可錯亂也라 非豈不是非리오 乃眞非也라 是豈不是是요 乃眞是也라 雖則是非無主나 不可瞞旰佛性 籠統眞如也라 差之毫釐失千里者는 毛中長者曰毫요 釐者는 十釐爲一毫라 若差之毫釐之間이면 則失之千里萬里라 故下文深明是非之相也라

'그름과 그르지 않음, 옳음과 옳지 않음'이라는 것은 옳음과 그름의 모양을 밝혀 분명히 하여 착란해서는 안 된다는 것이다. 그름이 어찌 그름이 아니겠는가. 곧 참으로 그른 것이고, 옳음이 어찌 옳음이 아니겠는가. 참으로 옳은 것이다. 비록 옳고 그름이 주재(主宰)가 없으나 불성을 흐릿하게〔瞞旰〕 하거나 진여를 드러나지 않게〔籠統〕 해서는 안 된다.

'털끝만큼 어긋나면 천리를 잃는다'는 것은, 털 가운데 긴 것을 호(毫)라 하고, 리(釐)는 10리(釐)를 1호(毫)라 한다. 만일 털끝만큼 어긋나면 천리만큼이나 어긋난다. 그러므로 아래 글에서 옳고 그름의 모양을 깊이 밝혔다.

是則龍女頓成佛이요
非則善星生陷墜로다
옳으면 용녀가 단박에 성불하고
그르면 선성이 산 채로 지옥에 떨어지도다

龍女善星者는 明顯是非之相也라 昔日靈山會上에 有一龍女 獻佛寶珠어늘 世尊受之하시고 而爲說法하시니 悟無生忍하고 卽往南方無垢世界하야 坐寶蓮華하야 成等正覺하니 號華鮮如來也라 非則善星生陷墜者는 昔有比丘하니 名曰 善星이라 念得十八香象駝經이나 生身活陷地獄이니 謂不見佛性說法은 返成謗瀆일새 故則有所警策也니라

'용녀'와 '선성'은 옳고 그름의 모양을 분명하게 나타낸 것이다. 옛날 영산회상에 한 용녀가 부처님께 보배구슬을 바치자, 세존께서 받으시고 설법하시니, 〈용녀가〉 무생법인을 깨닫고 곧바로 남방 무구세계로 가서 보련화(寶蓮華)에 앉아 등정각을 이루니 화선여래(華鮮如來)라 하였다.

'그르면 선성이 산 채로 지옥에 떨어진다'는 것은, 옛날에 한 비구가 있었는데 그 이름을 '선성'이라고 하였다. 열여덟 마리의 코끼리에 실을 수 있는 많은 경전을 암송하였으나 산 채로 지옥에 떨어졌다. 말하자면 불성을 보지 못하고 설법하는 것은 도리

어 비방하고 더럽히는 것이다. 그래서 경책을 한 것이다.

吾早年來積學問이여
亦曾討疏尋經論이라
나는 어린 나이에 학문을 쌓고
또한 일찍이 주소(註疏)를 찾고 경론을 탐구했도다

今欲明無相之功인댄 先明有相之理니라 大師少時에 歷諸講肆하야 聽習天台智者敎觀하고 深於經論하야 積學博問也라 先德云 五夏已前에 精硏律部하고 次明經論然後에 參尋知識하야 決擇生死라하니 乃入道之叙也라 非宿有乘種願力이면 罕能全此니 從上諸聖이 莫不皆然일새 達磨祖師도 學該三藏하고 尤專定業하야 非不知也라 後之學者는 不能及此하야 返爲謗說하니 深不可也라 譬如筌蹄는 在獲魚兎니 旣獲魚兎면 筌蹄可忘이니 下文可見也로다

이제 형상 없는 공부를 밝히고자 한다면 먼저 형상이 있는 이치를 밝혀야 한다. 영가 대사께서 젊었을 적에 여러 강원을 거치면서 천태지자의 교관(敎觀)을 듣고 익히고, 경론에 심취하여 학문을 쌓고 널리 물었다. 선덕(先德)이 말하기를 "법랍 5년〔五夏〕

이전에는 율부(律部)를 정밀하게 연구하고, 그 다음에는 경론을 밝힌 뒤에 선지식을 참방하여 생사를 결택한다."라고 하였으니, 이것이 곧 도에 들어가는 차례이다.

전생에 법에 대한 종자와 원력이 있지 않으면 이것을 온전히 할 수 있기가 드물다. 예로부터 모든 성인이 다 그렇게 하지 않음이 없다. 달마 대사께서도 삼장을 배워 갖추었고 선정 닦는 것을 더욱 전일하게 하여 알지 못하는 것이 없었다. 후세의 학인들은 여기에 미칠 수 없으면서 도리어 훼방하는 말을 하니, 매우 옳지 못한 일이다. 비유하자면 통발과 올게미는 물고기와 토끼를 잡는 데 있으니, 이미 물고기와 토끼를 잡았으면 통발과 올게미는 잊어야 하는 것과 같다. 이것은 아래 글에서 볼 수 있다.

**分別名相不知休여
入海算沙徒自困이로다**

명상(名相)을 분별하여 쉴 줄 모름이여
바다에 들어가 모래알 헤아리듯
부질없이 스스로 피곤할 뿐이다

經論之學이 豈有過失이리오 乃我佛如來 金口所說이 於無量國中에 乃至名字도 不可得聞이온 何況得見가 故知敎不迷人이요

人自迷敎也라 古德云 看經은 須具看經眼이니 眼若不明이면 返
爲名相所眩하야 不窮心地하고 一向多聞이라하니 所以云 縱多
學이나 也成貪이니 那箇回頭解自慚이리오 立令踉枉作他鄕客하
야 本分門風不荷擔이라하니 譬若入海筭沙 徒自困爾로다

경론의 학(學)이 어찌 허물이 있겠는가. 우리 부처님 여래께서
금구(金口)로 말씀하신 〈경전을〉 무량한 국토에서는 그 이름조차
도 들을 수 없는데, 어찌 하물며 볼 수 있겠는가. 그러므로 교학
이 사람을 미혹하게 하는 것이 아니고, 사람이 스스로 교학을 미
혹하는 것임을 알겠다.

  옛 스님이 말하기를 "경전을 보는 데는 반드시 경을 보는 안목
을 갖춰야 한다. 만약 경을 보는 안목이 밝지 못하면 도리어 이
름과 모양에 현혹되어 마음자리를 궁구하지 못하고 한결같이 들
은 것만 많다."라고 하였다. 그러므로 다음과 같이 말하였다.

縱多學 也成貪	아무리 많이 배워도 탐욕을 이룰 뿐
那箇回頭解自慚	어찌 머리 돌려 자신의 부끄럼을 알랴.
立令踉枉作他鄕客	비틀거리며 부질없이 타향의 나그네 되어
本分門風不荷擔	본분 가문의 종풍을 책임져 감당하지 못하네.

비유하자면 "바다에 들어가 모래알 헤아리듯 부질없이 스스로
피곤할 뿐이다."라는 것과 같다.

却被如來苦訶責이여
數他珍寶有何益가
도리어 여래의 호된 꾸지람 들음이여
남의 보배 센들 무슨 이익 있으랴

如來 訶責多聞之士는 雖則多聞이나 不獲修證이라 經云 如人 數他寶나 自無半錢分也라하니 旣非己寶를 數至終日하야 雖知 數量이라도 不得受用이니 於己에 有何益也리오 所以云 譬如終 朝說藥이나 而自困於沈痾요 有若長年問程이나 而不動跬步라 得魚忘筌者는 罕遇其士요 執指爲月者 實繁有徒라하니 卽其義 也라

여래께서 많이 들은 사람을 호되게 꾸짖은 것은 많이 들었으나 닦아 증득하지 못했기 때문이다. 경에 이르기를 "마치 어떤 사람이 남의 보배를 세나 자신에게는 반 푼도 없다."라고 하셨으니, 이미 자기의 보배가 아닌 것을 하루 종일 세어 비록 수량을 알지라도 쓸 수 없으니, 자기에게 무슨 이익이 있겠는가. 그러므로 "비유하자면 온 종일 약을 말하지만 자신은 병에 시달리고, 여러 해 동안 길을 물었으나 반 걸음도 움직이지 않은 것과 같다. 물고기를 잡고 통발을 잊는 사람은 만나기 드물고, 손가락을 집착

하여 달로 여기는 자들이 실로 많이 있다."라고 하였으니, 바로 그 뜻이다.

從來蹭蹬覺虛行하니
多年枉作風塵客이로다
종래로 비틀거리며 헛되이 수행하였음을 깨달으니
여러 해 잘못 풍진객이 되었네

從來者는 從無始來也요 蹭蹬者는 行不進之貌也며 虛行者는 未有地頭而虛行也라 從無始已來로 以至今日히 經生死嶮道하야 徒自困疲라 於涅槃路上에 未曾踏實일새 故云 覺虛行也라하니라 多年枉作風塵客은 譬如世人이 飄蓬南北千里하야 家鄕轉遠하야 枉作風塵之客也라 古德云 門前無限路에 誰是到家人고하니라

'종래(從來)'란 비롯함이 없는 때로부터 온 것이다. '비틀거리며〔蹭蹬〕'란 걸음이 비틀거려 나아가지 못하는 모양이다. '헛되이 수행하였음〔虛行〕'이란 어떤 경지가 없이 헛되이 행하는 것이다. 비롯함이 없는 옛 때로부터 오늘날에 이르기까지 나고 죽음의 험난한 길을 거치면서 헛되이 피곤할 뿐 열반의 길 위에서 실제

자리를 아직 밟지 못하였으므로 "헛되이 수행하였음을 깨달았다."라고 하였다.

'여러 해 잘못 풍진객이 되었다'는 것은 비유하자면 세상 사람들이 바람에 흩날리는 쑥처럼 남북으로 천리 길을 떠돌아 다녀 고향과는 더욱 멀어져 잘못 풍진객이 되는 것과 같다는 것이다. 옛 스님이 다음과 같이 말하였다.

門前無限路　　문 앞의 한없는 길에
誰是到家人　　누가 고향집에 이르른 사람인가.

種性邪 錯知解여
不達如來圓頓制라
종성이 삿되어 지해(知解)를 그르침이여
여래의 원돈(圓頓)법을 깨닫지 못하네

謂不歸依三寶之人이니 西竺九十六種外道라 依附邪師하야 生諸邪見일새 故云 錯知解也라 不達如來心地法門일새 故知於無量劫에 受無量生死는 皆因邪師說法也라 不遇圓頓大乘菩薩所說일새 故論云 寧受地獄苦하고 得聞諸佛名이언정 不受無量樂하야 而不聞佛名이라하니라 以經於往昔無量劫하야 受苦流轉生

死中은 不聞佛名故요 不聞佛名者는 皆遇邪師故也니라

  삼보에 귀의하지 않은 사람을 말하는 것이니 인도의 96종 외도이다. 그들은 삿된 스승에 의지하여 모든 사견을 내기 때문에 '지해(知解)를 그르침'이라고 하였다. 여래의 심지법문(心地法門)을 깨닫지 못한 까닭에 무량겁에 한량없는 생사를 받는 것이 다 삿된 스승의 설법으로 인한 것임을 알겠다.
  원돈대승보살(圓頓大乘菩薩)이 말씀하신 것을 만나지 못한 까닭에 논(論)에 이르기를 "차라리 지옥의 고통을 받고 모든 부처님 이름을 들을지언정 무량한 즐거움을 받고 부처님의 이름을 듣지 못하는 것은 받지 않겠다."라고 하였다. 지난날 무량한 겁을 거치면서 고통을 받으며 생사 가운데 유전한 것은 부처님의 이름을 듣지 못했기 때문이요, 부처님의 이름을 듣지 못한 것은 다 삿된 스승을 만났기 때문이다.

二乘精進無道心이요
外道聰明無智慧로다
이승은 정진하나 도의 마음이 없고
외도는 총명하나 지혜가 없도다

二乘之人은 精進修行하야 斷三界見思하고 七返人天하니 所歷 修行法門이 非不精進也나 飮寂滅酒하고 臥涅槃床하야 不起大 悲心하야 修利他行하고 接物利生하니 是無道心也라 外道聰明 無智慧者는 西竺外道 極有聰明之士가 念得四圍陀典籍이나 不 明佛性이라 故寒山云 世有多解人은 愚癡學用文이라 不憂當來 果하고 唯知造惡因이라 見佛不解禮하고 見僧倍生瞋이라 五逆 十惡輩 三毒以爲隣하고 死去入地獄이면 未有出頭辰이라하니라 今古聰明之士 爲世智所使하야 不信般若 亦有之라 古德云 李 白李斯文學絶이나 二人不遇空王說이라 幾多空負聰明心하야 到底生死打不徹고하니 先聖垂慈如此어늘 豈不知有耶아

성문과 연각 이승인은 정진 수행하여 삼계의 견혹(見惑)과 사혹(思惑)을 끊고 일곱 번 인간과 천상을 반복하니, 겪은 바 수행 법문이 정진 아닌 것이 없다. 그러나 적멸의 술을 마시고 열반의 침상에 누워있으면서 대비심을 일으켜서 이타행을 닦지 않고, 만물을 접인하여 중생을 이롭게 하지 않는다. 이것이 '도의 마음이 없는 것'이다.

'외도는 총명하나 지혜가 없다'는 것은, 인도의 외도 가운데 지극히 총명한 사람들이 사위타(四圍陀) 전적을 암송하나 불성을 밝히지 못했다. 그러므로 한산이 다음과 같이 말했다.

世有多解人　　세상에 아는 것이 많은 사람은

愚癡學用文	어리석게 글 사용하는 것만 배우네.
不憂當來果	미래의 과보 걱정하지 않고
唯知造惡因	나쁜 원인 지을 줄만 아네.
見佛不解禮	부처를 보아도 예경할 줄 모르고
見僧倍生瞋	승려를 보면 배나 더 화를 내네.
五逆十惡輩	오역 십악으로 짝을 하고
三毒以爲隣	삼독을 이웃으로 삼네.
死去入地獄	죽어서 지옥에 들어가면
未有出頭辰	벗어날 기약 없으리.

고금에 총명한 사람들이 세상의 지혜에 부림당하여 반야를 믿지 않는 사람도 있다. 옛 스님이 다음과 같이 말했다.

李白李斯文學絶	이백과 이사는 학문이 뛰어나지만
二人不遇空王說	두 사람은 부처님의 설법 만나지 못했네.
幾多空負聰明心	얼마나 공연히 총명심만 지녔던고.
到底生死打不徹	철저하게 생사를 타파하지 못하였네.

선성(先聖)께서 자비 법문 하심이 이러하거늘 어찌 알지 못하는가.

亦愚癡 亦小騃여
空拳指上生實解라
어리석기도 하고 유치하여〈지혜가 없음이여〉
빈 주먹과 손가락 위에 실다운 견해를 내도다

大人無智曰愚요 小兒無智曰騃라 空拳指上生實解者는 愚人小兒가 於空拳指上에 妄爲實有하니 如以黃葉爲錢하야 以爲眞實이라 如來大師說과 一大藏教文이 盡以大悲心으로 於無作妙智에 隨緣放光하야 或說有法하고 或說空法하며 或說頓漸하고 或說偏圓하며 或說不定하야 以種種名相으로 隨緣而各得解也어늘 諸小根器 隨語自生執着하고 不見佛性이 猶如空拳指上生實解也라 下文에 重與喩出이라

어른이 지혜가 없는 것을 '어리석음〔愚〕'이라 하고, 어린아이가 지혜가 없는 것을 '유치함〔騃〕'이라고 한다. '빈주먹과 손가락 위에 실다운 견해를 낸다'는 것은 어리석은 사람과 어린아이가 빈주먹과 손가락 위에 망령되이 실다운 것이 있다고 하는 것이니, 마치 노란 단풍 잎사귀를 가지고 돈이라 진실로 여기는 것과 같다.

여래 큰 스승의 말씀과 일대 장교의 경문은 모두 대비심으로써 조작이 없는 묘한 지혜에서 인연 따라 광명을 놓아 혹은 유(有)의

법을 말씀하기도 하고 혹은 공(空)의 법을 말씀하기도 하며, 혹은 돈교와 점교를 말씀하기도 하고 혹은 편교(偏敎)와 원교를 말씀하기도 하며, 혹은 부정교(不定敎)를 말씀하여 갖가지 명상(名相)으로써 인연 따라 각각 깨달음을 얻게 하는 것이다.

그런데 모든 소근기(小根機)의 사람들은 말에 따라 스스로 집착을 내고 불성을 보지 못하는 것이 마치 빈주먹과 손가락 위에 실다운 견해를 내는 것과 같다. 아래 글에서 거듭 비유로써 드러낸다.

執指爲月枉施功이여
根境法中虛捏怪로다
손가락을 집착하여 달로 여겨 헛되이 공력을 베풂이여
근·경·법 가운데 헛되이 괴이한 짓 하도다

若迷指爲月이면 非獨迷月이라 亦乃迷指니 以認指爲月故也라 經云 修多羅敎는 如標月指하니 若復見月이면 了知所標 畢竟非月이라하니라 是故 學道之人도 亦復如是라 若以敎爲佛性이면 非獨迷其佛性이라 亦乃迷敎하야 以敎爲佛性이라 故로 則是枉施其功行也라 是知中下根性이 若無大乘般若之種性이면 不能入佛知見이라 其所爲患者는 在於根境識三 十八界法이라 故云

根境法中虛捏怪也라하니라

만약 손가락을 잘못 알아 달로 여기면 달만 모를 뿐 아니라 손가락도 모르는 것이니, 손가락을 잘못 알아 달로 여기기 때문이다. 경에 이르기를 "경전〔修多羅〕은 달을 가리키는 손가락과 같다. 만일 달을 보고나면 가리키는 〈손가락은〉 마침내 달이 아닌 줄 알 것이다."라고 하였다.

그러므로 도를 배우는 사람도 역시 그러하여 만일 교로써 불성으로 여기면 그 불성만 모를 뿐 아니라 역시 교도 몰라서 교로써 불성을 삼는 것이다. 그러므로 "헛되이 공력을 베푼다."라고 하였다. 중근기와 하근기의 성품을 〈지닌 이가〉 만약 대승 반야의 종성이 없다면 불지견에 들어갈 수 없는 줄 알 것이다. 그 걱정되는 것은 육근·육진·육식의 18계법에 있다. 그러므로 "근·경·법 가운데 헛되이 괴이한 짓을 한다."라고 하였다.

不見一法卽如來여
方得名爲觀自在라
한 법(法)도 볼 수 없음이 곧 여래이니
바야흐로 관자재라 이름하게 된다

此一句는 乃永嘉 盡力拽到門前이나 祇欠擡足入來也라 昔有宿德이 因看法華經이라가 至諸法從本來로 常自寂滅相하야 自喜之하고 常留意體究하야 以至行住坐臥와 語默作做와 擧動施爲와 拈匙放筯히 無不體究나 都無所得이러니 至仲春之月에 忽一日 凭欄閑坐하야 聞樹上鶯聲하고 瞥然悟入이라 省前因緣하고 續前頌云 諸法從本來로 常自寂滅相이여 春暖百花紅이요 黃鶯啼柳上이로다하니 以是觀今古 尊宿說話하고 洞曉其旨하야 求師印可하고 凡所應用이 無有罣碍하니 所謂方得名爲觀自在也라하니라

이 한 구절은 곧 영가 대사께서 힘을 다해 이끌어 문 앞까지 도달하게 하였으나 다만 발을 들어 〈집 안으로〉 들어오는 것만 모자랄 뿐이라〈는 것이다.〉

옛날에 어떤 큰 스님이 『법화경』을 보다가 "모든 법은 본래부터 항상 스스로 적멸한 상이다."라고 한 데 이르러 스스로 기뻐하고 항상 마음을 두어 체달하고 연구하되 걷고 머무르고 앉고 눕고 말하고 침묵하고 짓고 거동하고 행동하고 숟가락을 들고 젓가락을 놓는 데에 이르기까지 체달하고 연구하지 않음이 없었으나 도무지 얻은 것이 없었다. 2월〔仲春〕 달에 이르러 홀연히 어느 날 난간에 기대어 한가히 앉아 있다가 나뭇가지 위에서 꾀꼬리 우는 소리를 듣고 별안간 깨달았다. 앞의 〈법화경〉 인연을 살펴보고 앞 게송을 이어 다음과 같이 읊었다.

諸法從本來	모든 법은 본래부터
常自寂滅相	항상 스스로 적멸한 상이여,
春暖百花紅	봄 따뜻하니 온갖 꽃 붉게 피고
黃鶯啼柳上	노란 꾀꼬리 버들가지 위에 우네.

이로써 고금의 큰스님의 말씀을 관찰하여 그 지취를 훤출히 깨닫고 스승에게 인가를 구하여 무릇 응용하는 것이 걸림이 없는 것, 이것이 이른바 "바야흐로 관자재라 이름하게 된다."라는 것이다.

了卽業障本來空이요
未了還須償宿債로다
깨달으면 업장이 본래 공하고
깨닫지 못하면 도리어 묵은 빚 갚아야 한다

了達罪福性空하야 無有罣碍라 若人發心歸源하면 十方世界가 悉皆消殞이어든 況罪福之相耶아 所以肇師云 五陰身非有요 四大本來空이라 將頭臨白刃이여 一似斬春風이로다하니 卽業障本來空也라 若不了悟면 執法不忘이라 因果法은 如形與影이니 假使百千劫이라도 所作業不忘하야 因緣會遇時에 果報還自受라

故云 未了還須償宿債也라하니라

　죄와 복의 성품이 공함을 깨달아 걸림이 없다. 만일 어떤 사람이 발심하여 근원에 돌아가면 시방 세계가 모두 다 없어지는데, 하물며 죄와 복의 모양〔相〕이겠는가. 그러므로 승조 법사가 다음과 같이 말하였다.

五陰身非有	오음의 몸 있는 것 아니요,
四大本來空	사대는 본래 공한 것이다.
將頭臨白刃	머리를 서슬이 번쩍이는 칼날에 대니
一似斬春風	마치 봄바람을 베는 것 같네.

　곧 업장은 본래 공한 것이다. 만일 〈공함을〉 깨닫지 못하면 법을 집착하여 잊지 못한다. 인과법은 마치 몸과 그림자와 같으니, 가령 백천 겁이라도 지은 업은 없어지지 않아 그 인연을 만날 때, 과보를 도리어 스스로 받는다. 그러므로 "깨닫지 못하면 도리어 묵은 빚 갚아야 한다."라고 하였다.

飢逢王饍不能飡이여
病遇醫王爭得瘥아

굶다가 임금 수라 만났으나 먹을 수 없으니
병들어 의왕(醫王)을 만난들 어찌 나을 수 있으랴

四十九年 開方便門하야 示眞實相하시니 所說種種法門이 大悲願力으로 接引衆生이나 衆生自是不能悟入이라 譬如世間 飢餓之人이 遇王者之膳 食前方丈 水陸畢備 種種美味나 見之卽生怖畏之心하야 而不敢食이며 又如久病之人이 忽見魯醫鵲醫王이나 必生疑惑猶豫하야 而於妙藥에 不能服食이니 則知病不可瘥니라

49년 동안 방편문을 열어 진실한 모습을 보이시니 말씀하신 갖가지 법문이 큰 자비 원력으로 중생을 접인하나 〈중생〉 스스로가 깨달아 들어가지 못한다. 비유하자면 세간의 굶주린 사람이 왕의 수라를 만났는데, 음식이 사방 한 길에 산해진미가 모두 다 갖춰져 있는 갖가지 아름답고 맛있는 음식을 보고도 두려운 마음을 내어 감히 먹지 못하는 것과 같다. 또 오랫동안 병든 사람이 홀연히 노나라의 훌륭한 의사 편작을 만났으나 반드시 의심을 내어 머뭇거려 묘약을 먹을 수 없음과 같으니, 병이 쾌차할 수 없음을 알리라.

在欲行禪知見力이여
火中生蓮終不壞라
욕심의 세상에 있으면서 참선하는 지견의 힘이여
불 속에 연꽃 피어 끝내 시들지 않네

欲界而行禪那淸淨者는 以其有般若知見之力也라 僧問古德호
대 欲界無禪이어늘 大德云何言有禪定이닛고 古德云 闍梨는 秖
知欲界無禪하고 自不知禪界 無欲이로다하니 欲知三界인댄 皆因
一心所有니라 經云 滅三毒 出三界하야 破魔網也라하니라 今文
言知見力者는 心旣明見佛性이니 卽一切處가 皆爲佛事也어늘
何言至欲界리오 故云 知見力也라하니라

욕계에 있으면서 선을 실천하여 청정해지는 것은 반야 지견의
힘이 있기 때문이다.
옛 큰스님에게 어느 스님이 묻기를 "욕계에는 선(禪)이 없는데
큰스님께서는 어찌 선정이 있다고 말씀하십니까?" 하니 큰스님이
"그대[闍梨]는 다만 욕계에 선정이 없는 줄만 알고 선계에 욕심이
없는 줄은 알지 못하는구나."라고 하였다. 삼계를 알고자 하는가.
다 일심(一心)으로 인하여 있는 것이다. 경에 이르기를 "삼독을 없
애고 삼계에서 벗어나 마구니의 그물을 깨뜨린다."라고 하였다.

이 글에서 '지견의 힘'이라고 한 것은 마음이 이미 밝아지면 불성을 보는 것이니, 곧 일체 처소가 모두 불사인데 어찌 욕계까지 말할 것이 있겠는가. 그러므로 '지견의 힘'이라고 하였다.

勇施犯重悟無生하야
早時成佛于今在로다
용시는 중죄를 짓고도 무생을 깨달아
벌써 성불하여 지금까지 전해오고 있도다

過去久遠에 有一比丘하니 名勇施라 忽於如來禁戒에 有所關犯이라 旣犯四重根本之罪하고 欲自淸淨하야 卽將三衣하야 掛在錫上하고 高聲唱言하되 我犯重罪니 誰爲我懺고하니라 如是唱言하며 至一精舍하야 遇一尊者하니 名曰 鼻鞠多羅라 云 推罪性하면 了不可得이라하니 勇施比丘 豁然大悟하야 十號具足하고 卽往東方世界하야 成等正覺하니 號曰 寶月如來라 已至于今일새 故曰 早時成佛于今在也라하니라

과거 오래 전에 한 비구가 있었는데, 그의 이름은 '용시(勇施)'였으니, 문득 여래의 계율을 범한 바 있었다. 이미 네 가지 무거운 근본 죄를 범하고서 스스로 청정하고자 하여 곧 세 가지 가사

〔三衣〕를 주장자 위에 걸고 큰 소리로 외치기를 "나는 무거운 죄를 범하였다. 누가 나를 위하여 참회해 주겠는가."라고 했다. 이와 같이 큰 소리로 외치면서 어느 한 정사에 이르러 한 존자를 만났으니 그 이름은 비국다라(鼻鞠多羅)였다.

비국다라가 말하기를 "죄성을 추구해 보면 마침내 얻을 수 없다."라고 하니, 용시 비구가 활연히 크게 깨달아 10호를 구족하고 곧바로 동방세계에 가서 등정각을 이루니, 호(號)를 보월여래라 하였다. 오늘날까지 전해오는 까닭에 "벌써 성불하여 지금까지 전해오고 있도다."라고 하였다.

獅子吼 無畏說이여
深嗟懞憧頑皮靼이라
사자후 두려움 없는 설법이여,
어리석어 완피달과 같음을
몹시 슬퍼하도다

諸佛說法은 圓頓大乘이라 自在無畏ㅣ 猶如獅子吼時에 無畏自在也라 故云 無畏說也라하니라 深嗟者는 深歎之辭也라 懞憧者는 非聰慧也라 頑皮靼者는 卽牛領極麤厚皮也니 此喩小乘鈍根이 聞於大法에 不能悟라 故로 發其歎傷之辭라

여러 부처님의 설법은 원교(圓敎)와 돈교(頓敎)의 대승이므로 자재무외함이 마치 사자가 포효할 때 두려움 없이 자재한 것과 같다. 그래서 "두려움이 없는 설법이여."라고 하였다.

'심차(深嗟)'란 깊이 탄식하는 말이다. '몽동(懵憧)'이란 지혜롭지 못함이다. '완피달(頑皮靼)'이란 소 목덜미의 매우 거칠고 두터운 가죽이다. 이는 소승의 둔한 근기가 큰 법을 듣고도 깨치지 못함을 비유한 것이다. 그러므로 탄식하고 슬퍼하는 말을 한 것이다.

只知犯重障菩提하고
不見如來開秘訣이로다
중죄를 지으면 깨달음에 장애되는 줄만 알고
여래께서 비결을 열어 보이심은 보지 못하도다

祇知犯前四種重罪하면 障於無上涅槃妙心하고 不能了罪性空也라 然則生死界中에 不能出離者는 以皆因婬殺以爲根本하야 沈淪無極이라 若有大乘種性이 雖遇前境이나 發菩提心하야 返妄歸眞이면 卽能入道라 如善財 參見婆須蜜女하니 告善財言하사대 我得菩薩解脫하니 名離貪欲際라 隨其世樂하야 而現其身이니 若有衆生이 暫見於我어나 暫與我語어나 暫執我手하면 則

離貪欲하야 得遍往一切佛刹三昧라하니라 又如善財가 參見無厭
足王하니 無量猛卒이 執持器仗하야 無量衆生이 各犯王法하면
或斬其頭하며 或斷其手라 善財見已하고 而作是言하되 云何於
此에 而欲求法耶아하니 王告善財하사대 我得菩薩如幻三昧하니
如我心者는 寧於未來에 受無間苦惱언정 終不一念與一蚊一螻
而作苦事어든 況復人耶리오하니 故知若有種性이면 所遇前境에
卽能返本이어늘 今此二乘과 與諸小機는 滯於持犯諸律儀事하야
專於事法하야 乃不見罪福性空하야 明見[77]佛性이니 是不見如來
開秘訣也라 故下文에 特擧婬殺之相하야 以明前事니라

다만 앞에서 말한 중죄〈인 네 가지의 바라이 죄[78]〉를 범하면
최상(無上)의 열반 묘심에 장애되는 줄만 알고 죄성(罪性)이 공함
을 깨닫지 못하도다. 그러나 생사의 경계에서 벗어날 수 없는 것
은 다 음욕과 살생으로 근본을 삼아 젖어듦이 끝이 없기 때문이
다. 만일 어떤 대승 종성이 비록 앞에서 말한 경계를 만났을지라
도 보리심을 일으켜 허망한 것을 돌이켜 진실한 데로 돌아간다
면 곧 도에 들어갈 수 있다.
　선재가 바수밀녀를 친견하니, 선재에게 고하여 말하기를 "내가
보살의 해탈을 얻었으니 '탐욕의 경계를 떠났다(離貪欲際)'라고 이

---

77) '見'은 '現'으로 해석했음.
78) 사바라이(四波羅夷) 죄: 살(殺)·도(盜)·음(婬)·망(妄).

름한다. 세간의 즐거움을 따라 그 몸을 나타내나니, 만일 어떤 중생이 잠시 나를 보거나, 잠시 나와 이야기하거나, 잠시 나의 손을 잡는다면 탐욕을 떠나 일체 부처님 세계에 두루 들어가는 삼매를 얻는다."라고 했다.

또 선재가 무염족왕(無厭足王)을 친견하니, 헤아릴 수 없이 많은 사나운 병졸이 무기를 들고서, 한량없는 중생이 각기 왕법을 범하면 혹은 그의 머리를 자르고 혹은 그의 손을 잘랐다. 선재가 그것을 보고서 이와 같이 말하였다. "어떻게 여기에서 법을 구하고자 하겠는가?"라고 하니, 무염족왕이 선재에게 말하기를 "나는 보살의 여환삼매(如幻三昧)를 얻었으니, 내 마음과 같은 자는 차라리 미래에 무간고뇌(無間苦惱)를 받을지언정 마침내 한 생각이라도 모기 한 마리와 개미 한 마리에게도 괴로운 일을 지어 주지 않으려 하는데, 하물며 사람에게 있어서랴."라고 했다. 그러므로 만일 어떤 종성이 만나는 바의 경계에 능히 근본으로 돌이켜야 할 것인데, 지금 이 이승(二乘)과 여러 소기(小機)들은 가지고 범하는 모든 계율〔律儀事〕에 막혀서 사법에만 온전히 하여 곧 죄와 복의 성품이 공하여 분명히 드러난 불성을 보지 못하는 줄 알겠으니,[79] 이것은 여래께서 비결을 열어 놓은 것을 보지 못한 것이다. 그러므로 아래 글에서 특별히 음계(婬戒)와 살계(殺戒)의 계

---

79) 이 부분은 '죄와 복의 성품이 공함을 보지 못하고 불성을 밝게 보지 못하니'로 해석할 수도 있다.

상(戒相)을 들어 앞의 일을 밝혔다.

有二比丘犯淫殺이여
波離螢光增罪結하고
어떤 두 비구가 음행과 살생 범함이여
우바리의 반딧불〈같은 지혜로〉 죄의 매듭 더하였고

犯婬殺者는 皆根本重罪也라 螢光者는 小乘이니 猶如螢光不能破暗也라 昔有二比丘 山中結菴修行하야 堅持淨戒하야 無有闕犯이러니 一日에 一比丘出하고 一比丘在菴中禪定이라 忽坐睡하야 因而睡着이러니 爲一樵女 偸犯淨戒러니 乃內心不悅이라 至同菴僧歸에 具說上事하니 其僧怒하야 卽捉趁樵女하니 驚怕墮入深坑而死한대 比丘 轉加煩惱라 一人無心犯婬하고 一人無心犯殺하니 此二比丘가 皆無心犯也라 共往大德優婆離尊者處하야 求乞懺悔하니 尊者가 以小乘으로 結罪라 時二比丘 心疑不決하고 轉生疑惑하야 卽往維摩居士處하야 懺悔因陳上事하니 維摩 呵云 不善觀機說法이라 此二比丘 久修大乘이니 何得將大海하야 比於牛跡이리오 波離는 小乘이라 猶如螢火光하야 不能破暗이라하니 故云 波離螢光增罪結이라하니라

음행과 살생을 범한 것은 모두 근본 중죄이다. '반딧불'이란 소승에 비유한 것이니, 반딧불이 어두움을 깨뜨릴 수 없는 것과 같다. 옛날 어떤 두 비구가 산중에 암자를 짓고 수행하면서 청정한 계율을 견고히 지켜 범한 적이 없었다. 어느 날 한 비구는 밖에 나가고, 한 비구는 암자에서 선정을 닦았다. 문득 앉아서 졸다가 잠이 들었는데, 나무하러 온 어떤 여자가 몰래 청정한 계율을 범하게 하였으니 이에 마음이 찝찝〔不悅〕해졌다.

암자에서 같이 지내던 비구가 돌아오자, 있었던 일을 모두 말하니 그 비구가 성이 나서 곧바로 나무하러 온 여자를 붙들려고 쫓아갔다. 〈그 여자가〉 놀라고 두려워 〈달려가다가〉 깊은 구덩이에 떨어져 죽으니, 비구들은 번뇌가 더욱 더해졌다. 한 사람은 무심결에 음행을 범하였고, 한 사람은 무심결에 살인을 범하였으니, 이 두 비구가 모두 무심결에 범한 것이다.

함께 대덕 우바리 존자의 처소에 가서 참회하기를 청하니, 존자가 소승 계법으로써 죄를 맺어주었다. 그때 두 비구가 마음의 의심을 해결하지 못하고 더욱 의혹을 내어 곧바로 유마 거사의 처소에 가서 뉘우치며 앞에 있었던 일을 말했다. 유마 거사가 꾸짖으며 "근기를 잘 관찰하지 않고 설법한 것이다. 이 두 비구는 오랫동안 대승을 수행하였으니, 어찌 큰 바다를 가지고 소 발자국에 견줄 수 있겠는가. 우바리는 소승이므로 마치 반딧불과 같아 어둠을 비출 수 없다."라고 했다.[80] 그러므로 "우바리의 반딧불 〈같은 지혜로〉 죄의 매듭을 더하였다."라고 했다.

維摩大士頓除疑하시니
還同赫日銷霜雪이로다
유마 대사 단박에 의심을 없애주니
빛나는 태양이 서리와 눈을 녹이는 것과 같도다.

優婆離尊者는 專以小乘事法懺罪나 不可懺也라 今維摩大士는 而以理說性空하니 無相法門이라 窮罪性하야도 了不可得이니 不在內 不在外 不在中間內外하며 前際不去 後際不來 中際不住라 三際推求나 了不可得이라 時二比丘 忽然頓悟하야 了罪性空寂하고 心得快然하야 住無生忍하니라 經云 若欲懺悔者인댄 端坐思實相하라 衆罪如霜露하야 慧日能消除라하니 故云 猶如赫日銷霜雪也라하니라

우바리 존자는 오로지 소승의 사법(事法)으로 죄를 참회케 했으나, 〈두 비구는〉 참회가 될 수 없었다. 지금 유마 거사는 이치로써 성품이 공함을 말씀하였으니, 무상법문(無相法門)이었다. 죄성(罪性)을 추궁하여도 끝내 얻을 수 없으니, 안에 있지도 않고 밖에

---

80) 『유마경』「제자품(弟子品)」에는 "無以大海內於牛跡 無以日光等彼螢火" 즉 "큰 바닷물을 소발자국에 넣으려고 하지 말고, 햇빛을 저 반딧불과 같이 여기지 말라."라고 되어 있다.

있지도 않고 중간에도 있지 않으며, 과거〔前際〕 가지 않고 미래〔後際〕 오지 않으며 현재〔中際〕 머물지 않는다. 삼제(三際)에 추구하여도 끝내 얻을 수 없다는 것이다. 당시 두 비구가 문득 단박에 깨달아 죄의 성품이 공적함을 요달하고 마음이 상쾌해져서 무생법인에 머무른 것이다. 경에 다음과 같이 말하였다.

若欲懺悔者　　만일 참회하고자 하면
端坐思實相　　단정히 앉아 실상을 생각하라.
衆罪如霜露　　온갖 죄는 서리와 이슬 같아서
慧日能消除　　지혜의 태양이 녹여 없앨 수 있네.

그러므로 "빛나는 태양이 서리와 눈을 녹이는 것과 같도다."라고 말하였다.

不思議 解脫力이여
妙用恒沙也無極이로다
부사의한 해탈의 힘이여
묘한 작용 항하 모래 같아 다함이 없도다

不思議者는 不可以心思며 不可以口議니 口欲談而辭喪하고 心

欲思而慮忘이라 經云 假使滿世間 如舍利弗이 盡思共度量이라
도 不能測佛智라하시니 到此須有悟心이라야 方明解脫一乘圓頓
法門也라 旣證此法이면 卽妙用恒沙之數 亦無盡也라 故云 妙
用恒沙也無極也라하니라

'부사의'는 마음으로 생각할 수 없고 입으로 의논할 수 없다는 것이니, 입으로 말하려 하면 말을 잃고 마음으로 생각하려 하면 생각을 잊는다. 그러므로 경에 이르기를 "가령 세간에 가득한 사리불이 다 생각하고 함께 헤아려도 부처님의 지혜를 헤아릴 수 없다."[81]라고 했다.

여기에 이르러서는 반드시 마음을 깨쳐야 바야흐로 해탈일승원돈법문(解脫一乘圓頓法門)을 밝힐 수 있다. 이미 이 법을 깨달았다면 곧 묘용이 항하의 모래처럼 다함이 없을 것이다. 그러므로 "묘한 작용 항하의 모래 같아 다함이 없다."라고 하였다.

四事供養敢辭勞아
萬兩黃金亦銷得이라
네 가지 공양인들 굳이 수고롭다 사양하랴

---

81) 『법화경(法華經)』「방편품(方便品)」.

만 냥 황금도 녹일 수 있다

達法之人은 堪受人天廣大供養也라 出家之士 身雖出家나 心不染道면 於諸經論盡說이라도 全闕應供이라 古德云 道德不修면 衣食斯費라하니 卽其謂也라 所言四事者는 一은 衣服이요 二는 臥具요 三은 飮食이요 四는 醫藥也라 此之四事는 於諸教中에 皆須起慚愧之心하야 堪受用之라하나 今此道人은 豈止四事而已리오 假使萬兩黃金이라도 可銷得也니라

법을 통달한 사람은 인천의 광대한 공양을 받을 만하다. 출가한 사람이 몸은 비록 출가했으나 마음이 도에 젖어들지 않으면 여러 경론을 다 말씀한다 하더라도 공양을 받을 만한 자격이 전혀 없다. 옛 스님이 말하기를 "도덕을 닦지 않으면 옷과 음식을 축내는 것이다."라고 했으니, 바로 이를 두고 말한 것이다.

네 가지 공양〔四事〕이란 첫째는 의복, 둘째는 침구, 셋째는 음식, 넷째는 의약이다. 이 네 가지 일은 여러 교학에서 "모두 반드시 부끄러워하는 마음을 내어 수용해야 된다."라고 했지만, 지금 이 도인은 어찌 네 가지의 공양에만 그칠 뿐이겠는가. 설령 만냥 황금이라도 녹일 수 있다는 것이다.

粉骨碎身未足酬여
一句了然超百億이로다
뼈를 가루 내고 몸을 부수어도 갚을 수 없음이여
한 구절에 분명히 깨달으면 백억 겁을 뛰어 넘도다

粉骨者는 如常啼菩薩이 於香城에 學般若時也라 旣得法已에 自恨無物供養世尊이라가 忽遇城中에 豪富長者不安하야 欲人骨髓合藥하니 卽時敲骨出髓하야 賣與長者하고 所得資金으로 其所買種種香花를 供養於佛하니 其志誠則可知矣라 碎身者는 如釋迦因中에 捨全身求半偈也라 我念호니 過去에 作婆羅門하야 在雪山中에 修菩薩行하니 無佛出世하고 亦無經法이라 時 天帝釋이 現可怖相하야 而親試驗之할새 爲羅刹形而現於前하야 卽說半偈호대 諸行無常하야 是生滅法이라하니 菩薩聞偈하고 心生歡喜하야 卽從座起하야 顧視四方한대 寂無所見이요 唯見羅刹이라 卽問하되 聖者여 從何得是半偈닛가 此半偈者는 乃是三世諸佛證道之法이라하니 羅刹答云 我不食來已經七日일새 心謬言爾라 時菩薩復語하되 聖者여 若爲我足此偈者인댄 我當終身토록 爲汝弟子호리다 羅刹答言호대 飢逼實不能說이라하니 菩薩이 復語聖者호대 所食何物이닛가 我所食者는 唯食暖肉이며 我所飮者는 唯飮新血이니라 菩薩이 又語하되 聖者여 若能爲我하야

說是勝偈하면 我當捨身하야 供養聖者호리다 是時에 羅刹이 卽
說偈言호대 生滅滅已면 寂滅爲樂이니라 菩薩聞已하고 卽於道
樹石壁에 書此偈竟하고 便上高樹하야 投身而下하니 下未至地
에 羅刹 復帝釋形하야 於空接住하고 致於平地하야 慚愧讚歎하
니라 以是因緣으로 超十二劫하야 在彌勒前에 成無上道라 故云
一句了然超百億也라하니라

'뼈를 가루를 낸다〔粉骨〕'는 것은, 상제보살(常啼菩薩)이 향성(香城)에서 반야를 배울 때와 같은 것이다. 〈상제보살이〉 이미 법을 얻고서 세존에게 공양할 물건이 없음을 스스로 한탄하다가, 문득 성 안에서 호부 장자가 병이 나서 사람의 골수로 약을 만들려고 한다는 것을 만났다. 바로 그때 곧바로 뼈를 부수어 골수를 꺼내 장자에게 팔았다. 그 돈으로 갖가지 향과 꽃을 사서 부처님께 공양했으니, 그의 뜻과 정성을 알 만하다.

'쇄신(碎身)'이란, 석가가 인행시(因中 : 전생에 보살행 닦을 때)에 전신을 보시하여 반 구절의 게송을 구한 것과 같다. 〈즉〉 내가 생각해 보니, 과거에 바라문이 되어 설산에서 보살행을 행하니, 〈그때는〉 부처가 세상에 나오지 않았고 또한 경법(經法)이 없었다. 당시 제석천왕이 무서운 형상으로 현신하여 친히 시험하였다. 나찰의 형상을 하고서 앞에 나타나 다음과 같이 반 구절의 게송을 말씀하였다.

| 諸行無常 | 제행(諸行 : 유위법)은 항상함이 없어서 |
| 是生滅法 | 이는 생멸하는 법이다. |

   보살이 게송을 듣고 마음에 환희심을 내어 바로 자리에서 일어나 사방을 돌아보니 고요하여 보이는 것이 없고 오직 나찰만 보였다. 바로 묻기를 "성자여! 어디에서 이 반 구절의 게송을 얻었습니까? 이 반 구절의 게송은 곧 삼세 모든 부처님께서 도를 깨달으신 법입니다."라고 했다. 나찰이 대답하기를 "내가 굶은 지 이미 칠 일이 지나서 헛소리를 한 것이다."라고 했다. 그때 보살이 다시 "성자여! 그대가 나를 위해 이 게송을 끝까지 말해 준다면 나는 죽을 때까지 당신의 제자가 되겠습니다."라고 하니, 나찰이 "배가 너무 고파 말해 줄 수 없다."라고 대답했다. 보살이 다시 성자에게 "어떤 음식을 드십니까?"라고 하니 "내가 먹는 것은 오직 따뜻한 고기만 먹고, 내가 마시는 것은 오직 신선한 피만 마신다."라고 했다. 보살이 또 "성자여! 나를 위해 능히 수승한 게송을 말씀해 주시면, 나는 몸을 버려 성자에게 공양 올리겠습니다."라고 하였다. 그때 나찰이 바로 다음과 같이 〈나머지 반〉 게송을 말했다.

| 生滅滅已 | 생멸이 없어지면 |
| 寂滅爲樂 | 적멸이 즐거움 되리. |

보살이 게송을 듣고 나서 곧바로 길 가에 있는 나무와 돌에 이 게송을 써놓고 바로 높은 나무로 올라가 몸을 던져 떨어지니, 땅에 떨어지기 전에 나찰이 다시 제석의 몸으로 되돌아와 공중에서 받아 평지에 놓고서 부끄러워하며 찬탄했다고 한다. 이러한 인연으로 12겁을 뛰어넘어 미륵보살보다 앞서 최상의 도를 이루었다. 그러므로 "한 구절에 분명히 깨달으면 백억 겁을 뛰어 넘도다."라고 했다.

法中王 最高勝이여
河沙如來同共證이라
법 가운데 왕, 가장 높고 수승함이여,
항하 모래처럼 많은 여래도 똑같이 깨달았도다

王中法王은 位過百王之上일새 故云 法中王也라 高超三界하야 獨步大方일새 故云 最高勝也라 乃至過去未來現在의 無量諸佛이 盡證此也며 天下老宿도 盡證此也라 無量法聚의 一切義門도 不出於此라 經云 唯佛與佛이 乃能知之라하니 唯佛者는 唯釋迦化主也요 與佛者는 與十方諸佛也라 故云 唯不一佛二佛三四五佛이라 乃至十方諸佛이 同證此法이라 故云 十方如來同共證也라하니라

왕 중의 법왕은 그 지위가 여러 왕의 위에 초과하기 때문에 '법 가운데 왕'이라 하였다. 삼계에 높이 뛰어나서 홀로 우주[大方]를 거닐기 때문에 "가장 높고 수승하다."라고 말했다. 또한 과거·미래·현재의 한량없는 모든 부처님이 모두 이것을 깨달았으며, 천하의 선지식들도 모두 이것을 깨달았다. 무량 법장의 일체 교의의 문도 이것에서 벗어나지 않는다.

경에 이르기를 "오직 부처님과 부처님만이 곧 알 수 있다."라고 말씀하셨으니, '오직 부처님'이라는 것은 교화의 주인이신 석가모니 부처님이요, '부처님만이'라는 것은 시방 제불을 말하는 것이다. 그러므로 "오직 한 부처, 두 부처, 세 부처, 네 부처, 다섯 부처뿐만 아니라, 시방의 모든 부처님께서도 이 법을 똑같이 깨달았다."라고 하였다. 그러므로 "시방 여래도 똑같이 깨달았다."라고 하였다.

我今解此如意珠하니
信受之者皆相應이로다
내 이제 이 여의주를 알았으니
믿고 받아 지니는 자는 모두 상응하리라

唯此心法은 如世間如意寶珠하야 具諸功用하야 無有窮盡也라 四祖가 謂牛頭融禪師云 百千妙門이 同歸方寸하고 河沙功德이

總在心源하며 一切定門과 一切慧門과 一切行門이 悉皆具足하고 神通妙用이 並在你心이라 煩惱業障이 本來空寂하고 一切果報가 皆如夢幻이라 無三界可出이며 無菩提可求라 人與非人이 性相平等이라 大道虛曠하야 絶思絶慮니 如是之法을 你今已得하야 更無欠少함이 與佛無殊라 更無別法이니 但任心自在하고 莫作觀行하며 亦莫停心하고 莫起貪瞋하며 莫懷愁慮하라 蕩蕩無碍하야 任意縱橫하며 不作諸善하고 不作諸惡이라 行住坐臥에 觸目遇緣이 皆是佛之妙用이라하니 故云 信受之者皆相應也라하니라

오직 이 마음의 법은 마치 세간의 여의보주와 같아 모든 공용을 갖추어 다함이 없다. 사조(四祖) 홍인(弘忍, 601~674) 조사가 우두 법륭(牛頭法融, 594~658) 선사에게 말하기를 "백 천 가지 묘한 문이 함께 마음〔方寸〕에 돌아가고 항하의 모래와 같이 많은 공덕이 모두 마음의 근원에 있다. 일체의 정문(定門), 일체의 혜문(慧門), 일체의 행문(行門)이 모두 다 구족하고 신통과 묘용이 아울러 그대의 마음에 있다. 번뇌와 업장이 본래 공적하고 일체의 과보가 다 꿈과 허깨비와 같다. 삼계를 벗어날 것도 없으며 깨달음을 구할 것도 없다. 사람과 사람 아닌 것이 성품과 형상이 평등하다. 대도는 비고 넓어서, 사려(思慮)가 끊어졌으니 이와 같은 법을 그대가 지금 이미 얻어 모자람 없음이 부처님과 다름이 없다. 다시 다른 법이 없으니, 다만 마음에 맡겨 자재롭게 하고, 관행(觀行)을 하지도 말고, 마음을 머무르지도 말고, 탐욕과 성냄을 일으키지

도 말고, 근심 걱정도 하지 말라. 넓고 넓어 걸림이 없어서 종으로 횡으로 마음대로 하며, 선(善)을 짓지도 않고 악(惡)을 짓지도 않는다. 다니거나 머무르거나 앉거나 누울 때, 눈에 보는 것과 인연을 만나는 것 모두 부처의 묘한 작용이다."라고 했다. 그러므로 "믿고 받아 지니는 자는 모두 상응한다."라고 말하였다.

了了見 無一物이여
亦無人 亦無佛이라
분명하게 보면 한 물건도 없음이여
사람도 없고 부처도 없도다

眞如界內에 無生佛之假名이요 平等性中에 無自他之形相이니 卽無物無人無佛이니라 故般若經云 善現아 空空淸淨故로 色淸淨하고 色淸淨故로 一切智智淸淨하니라 何以故오 若空空淸淨과 若色淸淨과 若一切智智淸淨은 無二無二分이며 無別無斷故라하니 故云 了了見無一物이여 亦無人亦無佛也라하니라

진여계에는 중생이니 부처니 하는 거짓 이름이 없고, 평등성에는 나니 남이니 하는 형상이 없으니, 곧 물건도 없고 사람도 없고 부처도 없다. 그러므로 『반야경』에 이르기를 "선현(善現)아!

공하고 공하여 청정하기 때문에 물질〔色〕이 청정하고, 물질이 청정하기 때문에 일체 지지(一切智智)도 청정하다. 왜냐하면 공하고 공하여 청정함과 물질이 청정함과 일체지지가 청정한 것은 둘일 수 없어 둘로 나눌 수 없으며, 다름도 없고 단멸함이 없기 때문이다."라고 하였다. 그러므로 "분명하게 보면 한 물건도 없음이여, 사람도 없고 부처도 없다."라고 하였다.

大千沙界海中漚요
一切聖賢如電拂이라
모래알같이 많은 대천 세계는 바다 가운데 물거품이요
일체 모든 성현은 번갯불 번쩍하는 것과 같도다

三千大千世ㅣ 在覺性之中이 猶如水上一漚爾니 豈止大千沙界 爲水上一漚리오 盡十方虛空 在覺性之中이 猶如水上一漚爾니라 如觀音菩薩이 所證圓通云 迷妄有虛空이요 依空立世界라 想澄成國土요 知覺乃衆生이라 空生大覺中이 如海一漚發이라하니 故云 大千沙界海中漚也라하니라 一切聖賢如電拂者는 猶如電光石火 瞥爾無蹤하야 卒難摸索이라 故로 般若經云 內空淸淨故로 色界眼識界及眼觸과 爲緣所生인 諸受淸淨하고 色界乃至 眼觸爲緣所生인 諸受淸淨故로 一切智智淸淨이라하니 故云 一切

聖賢如電拂也라하니라

삼천대천세계가 각성(覺性: 本覺眞性)의 가운데 있는 것이 마치 물 위의 한 거품과 같으니, 어찌 모래알같이 많은 대천세계가 물 위의 한 거품인 것에 그치겠는가. 온 시방의 허공이 각성의 가운데 있는 것이 마치 물 위의 한 거품과 같은 것이다. 저 관세음보살이 깨달은 바 원통장에서 다음과 같이 말하였다.

迷妄有虛空	미망으로 허공이 있고
依空立世界	허공에 의지해 세계가 성립되었네.
想澄成國土	생각이 맑은 것은 국토를 이루었고
知覺乃衆生	지각(知覺)은 곧 중생이네.
空生大覺中	허공이 대각에서 생긴 것이
如海一漚發	바다에 한 물거품 생긴 것과 같네.

그러므로 "모래알같이 많은 대천 세계는 바다 가운데 물거품이다."라고 하였다. '일체 모든 성현은 번갯불 번쩍하는 것과 같다'라는 것은 마치 전광석화처럼 별안간 자취가 없어져서 마침내 더듬어 찾기가 어렵다는 것이다. 그러므로 『반야경』에 이르기를 "안이 공하여 청정하기 때문에 물질계와 눈으로 보고 식별하는 세계와 눈에 보이는 것과 눈에 보이는 것이 인연이 되어 생긴 모든 느낌이 청정하고, 물질계와 나아가 눈에 보이는 것이 인연이

되어 생긴 모든 느낌이 청정하기 때문에 일체의 지지(智智)가 청정하다."라고 하였다. 그러므로 "일체 모든 성현은 번갯불 번쩍하는 것과 같도다."라고 하였다.

假使鐵輪頂上旋이라도
定慧圓明終不失이로다
가령 무쇠 바퀴를 머리 위에 돌리더라도
정혜(定慧)가 원만하게 밝아 끝내 잃지 않았도다

假使鐵輪頂上旋者는 傳曰 二十八住菩薩의 所修行力이니 有一魔王이 謂菩薩言호대 汝當退位하라 汝若不退면 我當飛熱鐵輪하야 旋汝頂上하야 碎汝形體를 猶如微塵케하리라 爾時菩薩이 以定慧圓明 不思議力故로 不失其位라 時諸魔衆은 返自退失하고 菩薩은 定慧而愈增明이라 故曰 定慧圓明終不失也라하니라

'가령 무쇠 바퀴를 머리 위에서 돌리더라도'라는 것은 전(傳)에 '28주 보살이 수행하는 바의 힘'이라고 했으니, 한 마왕이 보살에게 말하기를 "그대는 그 자리에서 물러가라. 그대가 만일 그 자리에서 물러가지 않는다면 내가 반드시 뜨거운 쇠바퀴를 날려 그대의 정수리에 돌려서 그대의 형체를 가는 먼지처럼 부수어

버리겠다."라고 하였다. 그때 보살은 정혜가 원만하게 밝은 불가사의한 힘 때문에 그 자리를 잃지 않았다. 그때에 모든 마구니들은 도리어 스스로 물러가고, 보살은 정혜가 더욱 밝아지게 되었다. 그러므로 "정혜(定慧)가 원만하게 밝아 마침내 잃지 않았다." 라고 하였다.

日可冷 月可熱이언정
衆魔不能壞眞說이라
해를 차게 하고 달을 뜨겁게 할 수 있을지언정
온갖 마구니들이 참된 말씀 부술 수는 없도다

日性本熱이어늘 寧可說冷이며 月性本冷이어늘 寧可說熱이리오 固知衆魔 不可壞其眞說也라 如來說法에 魔宮振動하고 邪黨歸依하니 豈能毀壞聖言耶아 所言日可令冷하고 月可令熱者는 大涅槃經云 時阿㝹婁馱가 白世尊言하사대 月可令熱하고 日可令冷이나 佛說四諦는 不可令異라하니 今永嘉用此하야 以明衆魔 不能毀壞般若眞說이라

태양의 본성은 본래 뜨거운 것인데 어찌 차갑다고 말할 수 있으며, 달의 본성은 본래 차가운 것인데 어떻게 뜨겁다고 말할 수

있겠는가. 온갖 마구니들이 그 진실한 말씀을 무너뜨릴 수 없는 것을 참으로 알겠다. 여래께서 설법하실 적에 마왕의 궁전이 진동하였고, 삿된 무리들이 귀의하였으니 어찌 성인의 말씀을 훼방하고 파괴할 수 있겠는가.

여기에서 "해를 차게 할 수 있고 달을 뜨겁게 할 수 있다."라고 한 것은 『대열반경』에 있다. "당시에 아니루타[82]가 세존에게 '달을 뜨겁게 할 수 있고 해를 차갑게 할 수는 있어도 부처님께서 말씀하신 사제(四諦)는 다르게 할 수 없습니다'라고 했다."고 하였으니, 여기에서 영가 대사께서 이 말씀을 사용하여 온갖 마구니들이 반야의 참 말씀을 헐뜯고 무너뜨릴 수 없음을 밝힌 것이다.

象駕崢嶸謾進途하니
誰見螳螂能拒轍가
코끼리 수레 끌고 당당히 길 가니
당랑이 수레바퀴 막는 것 누가 보았으랴

菩薩所弘通大乘法門은 衆魔不能爲其障碍라 譬若象駕崢嶸而

---

82) 아니루타 : 부처님 십대 제자의 한 분. 부처님의 사촌동생으로, 통찰력이 깊어 천안제일이라 일컬어진다. 아나율이라고도 한다. 아니루타는 여의(如意), 이장(離障), 무탐(無貪), 무멸(無滅), 선의(善意)라 번역한다.

進커늘 豈螳螂小虫而可拒其車轍耶아 昔齊莊公 出獵에 有螳螂 擧足하야 將搏其輪이어늘 問其御者曰 此何蟲也오 對曰 此是螳 螂蟲也이니다 莊公曰 而以至微之力으로 而拒大車하니 不量其 力也니라하니 今永嘉 略涉世緣하야 以證出世聖法하야 使易曉하 고 而今法流沙界하고 敎滿龍宮이라 時諸小聖魔衆이 豈能爲障 爲碍리오 故曰 誰見螳螂能拒轍也라하니라

보살께서 크게 통달한 대승 법문은 온갖 마구니들이 장애 할 수 없으니, 비유하자면 '코끼리가 수레를 끌고서 당당하게 나아 가는데 어찌 작은 벌레인 당랑(螳螂 : 버마재비)이 수레바퀴를 막을 수 있겠는가'라는 것과 같다. 옛날에 제나라 장공이 사냥하러 갔 는데, 당랑이 발을 들어 수레바퀴를 치려고 하니, 장공이 수레를 끄는 이에게 "이것은 무슨 벌레인가?"라고 물었다. 그가 "당랑입 니다."라고 하니, 장공이 "지극히 미약한 힘으로써 큰 수레를 막 으니 자기의 힘을 헤아리지 못하는 것이다."라고 하였다.
여기에서 영가 대사께서 세속의 인연을 들어 출세간의 성스러 운 법을 증거하여 쉽게 깨닫게 하고, 그리하여 지금 법을 모래 〈같이 많은〉 세계에 유포하고 그 가르침을 용궁에 가득하게 하 였다. 이때 모든 소성(小聖 : 小乘)과 마구니들이 어찌 〈대승 법문 을〉 장애할 수 있겠는가. 그러므로 "당랑이 수레바퀴 막는 것을 누가 보았으랴."라고 하였다.

大象不遊於兎徑이요
大悟不拘於小節이라
큰 코끼리는 토끼 길에 노닐지 않고
큰 깨달음은 작은 절목에 얽매이지 않는다

大乘菩薩所歷境界는 功德殊勝하야 非人天所知고 二乘所涉法
門과는 優劣不同이라 欲其易明하야 卽以世間象兎爲喩라 大象
所遊는 唯大路可容이요 非小兎微逕可往이라 故云 大象不遊於
兎逕也라하니라 大悟不拘於小節者는 見性之人은 不可以事相
檢擧요 不可以持犯戒律所拘니 其作用 難以測度이 如高沙彌不
受戒와 藥山不看經等이라 故云 大悟不拘於小節이라하니라

　대승보살이 경력한 경계는 공덕이 수승하여 사람과 하늘들이 알 바 아니고, 이승들이 섭렵한 법문과는 우열이 같지 않다. 이를 쉽게 밝히고자 하여 세간의 코끼리와 토끼로써 비유하였다. 큰 코끼리가 노니는 곳은 오직 큰 길이라야 수용할 수 있고, 토끼가 다니는 작은 길로는 갈 수가 없다. 그러므로 "큰 코끼리는 토끼 길에 노닐지 않는다."라고 하였다.
　"큰 깨달음은 작은 절목에 얽매이지 않는다."는 것은 견성한 사람은 사상(事相)으로 점검하여 드러낼 수 없고, 계율을 지키고 범하는 데 얽매이지 않는다는 것이니, 그 작용을 헤아리기 어려운 것이 마치 고사미(高沙彌)가 계를 받지 않음과 약산(藥山)이 경을 보지 않는다는 것 등과 같다. 그러므로 "큰 깨달음은 작은 절목에 얽매이지 않는다."고 하였다.

莫將管見謗蒼蒼하라
未了吾今爲君決하노라
좁은 소견[管見]으로 하늘을 비방하지 말라
아직 깨닫지 못하기에 내 이제 그대 위해
결단해 주노라

無上般若는 唯接上根上器요 中下之機는 卒難湊泊이라 是以三界浩浩하고 六道茫茫하야 盡是空生浪死니라 經云 譬如百千蚊虫盲이 在一器中하야 啾啾亂鳴하고 鼓腹狂鬧하나니 不知太虛之曠達이라하니라 以明諸小根器는 不能發菩提之心하야 入大乘境界라 今에 永嘉는 竊恐世人信之不及하야 謾生誹謗하나니 猶如愚人이 握管窺天하고 以己見之細微로 謗蒼蒼之無際니 是誰之過歟아 未了吾今爲君決者는 此之一句는 一大藏敎도 詮提不起며 六代祖師도 讚歎有分이라 是知從上諸聖이 開方便門하야 提携後進하사 放一線道하야 略露風規니 末後一言을 莫敎錯擧하라

위 없는 최상의 반야는 오직 상근기만 제접하고, 중근기와 하근기는 마침내 머물기[湊泊] 어렵다. 그러므로 삼계가 드넓고 육도가 아득하여 다 부질없이 태어나고 헛되이 죽는 것이다. 경에 이르기를 "비유하자면 백 천의 많은 모기와 등에가 하나의 그릇 속에 있으면서 앵앵거리며 시끄럽게 울고 배를 두드리며 미쳐서 시끄럽게 날뛰니, 허공의 넓고 툭 트임을 알지 못하는 것과 같다."라고 하였다. 이로써 작은 근기는 깨달음의 마음을 내어 대승의 경계에 들어갈 수 없음을 밝힌 것이다. 여기에서 영가 대사는 혹 세상 사람들의 믿음이 미치지 못하여 부질없이 비방을 낼까 염려한 것이니, 마치 어리석은 사람이 대통 구멍으로 하늘을 보고 자기의 좁은 소견으로 부질없이 끝없는 하늘을 비방하는 것과 같은 것이다. 이것이 누구의 허물이겠는가.

　'아직 깨닫지 못하기에 내 이제 그대 위해 결단해 주노라'라는 이 한 구절은 일대장교도 말로 이끌어 일으킬 수 없으며, 육대 조사가 찬탄하는 데에도 분수가 있다는 것이다. 이에 알아야 할 것은 윗대의 모든 성인들이 방편문을 열어서 후학을 이끌려고 하나의 길을 터놓아 풍규를 조금 드러내었으니, 맨 끝의 한 마디를 잘못 드러내서는 안 된다는 것이다.

원전대조표

만속장경 출처 (쪽수·단수·행수)	만속장경본	선종전서본	본서에 채택한 내용
358a4	師復預期冥感	師復預其冥感	師復預其冥感
358b18	本非動靜	本自非動	本自非動
359a2	還如曾鬪	還如爭鬪	還如爭鬪
359a7	具足衆法	具足六法	具足六法
359a14	皆從此入	皆從此出	皆從此出
359a18	無有了時	無有了期	無有了期
359b1	究懷永歎	空懷永歎	空懷永歎
359b15	听泉聲而自在	聽泉聲而自在	聽泉聲而自在
360a14	爲八萬四千塵勞之果	爲八萬四千塵勞之根	爲八萬四千塵勞之根
360b6	五智見也	五知見也	五知見也
360b14	免道者	勉道者	勉道者
361a9	三毒水泡虛出沒	三毒水泡空出沒	三毒水泡虛出沒
361a12	受以納領爲義	受以領納爲義	受以領納爲義
361a13	以別識爲義了五陰	以分別爲義了五陰	以分別爲義了五陰
362b3	夢裡明明有六趣	夢裏明明有六趣	夢裏明明有六趣
362b8	貪瞋愛水	貪瞋愛欲	貪瞋愛欲
362b11-12	乃至三千大千所化之境	乃至證三千大千所化之境	乃至證三千大千所化之境
363a2	今日分明須剖拆	今日分明須剖析	今日分明須剖析
363a13	行則心稱十方	行則心構十方	行則心構十方
364a1	故盃渡云	故杯度云	'盃渡'는 본래 '裵度'이므로 裵度로 함
364a8	髓生垢色	髓腦垢色	髓腦垢色

만속장경 출처 (쪽수·단수·행수)	만속장경본	선종전서본	본서에 채택한 내용
365a7	藏卽且致	藏卽且置	藏卽且置
365a12	我也知儞摸索未著在	我也知儞摸索未着在	我也知儞摸索未着在
365a13	一顆圓光色不色	一顆圓光色非色	一顆圓光色不色
365b12	經曰	經云	經云
365b14	終不能著	終不能着	終不能着
366a5	不以萬法爲侶	不以與萬法爲侶	不以與萬法爲侶
366a6	常獨步也	常獨行常獨步也	常獨行常獨步也
366a11	同遊涅槃路	同遊涅槃路	同遊涅槃路
366a12	皆有價直	皆有價值	皆有價值
366b13	學道儼身	學道嚴身	學道嚴身
367a14-15	故曰藏無價珍也	故曰心藏無價珍也	故曰心藏無價珍也
367b14	非想處解脫	非想非非想處解脫	非想非非想處解脫
367b18	轉眼耳鼻舌身意六識 爲妙觀察智	轉眼耳鼻舌身 五識 爲成所作智 轉第六意識 爲妙觀察智	轉眼耳鼻舌身 五識 爲成所作智 轉第六意 爲妙觀察智
368a10	所有言詮 則皆然也	所有言詮 皆然也	所有言詮 皆然也
368b11	脫却骨臭布衫	脫却㮣臭布衫	脫却㮣臭布衫
368b14	從佗謗 任他非	從他謗 任他非	從他謗 任他非
368b18	返自歸已	返自歸已	返自歸已
369a17	不因訕謗起怨親	不因訕謗起寃親	不因訕謗起寃親
369b2	卽起怨親平等之心	卽起寃親平等之心	卽起寃親平等之心
369b9	乃至青平般土	乃至青平搬土	乃至青平搬土
370a8	非小乘斷定	非小乘斷空	非小乘斷空

만속장경 출처 (쪽수·단수·행수)	만속장경본	선종전서본	본서에 채택한 내용
370a15	恒沙諸佛體皆同	河沙諸佛體皆同	恒沙諸佛體皆同
371b10	以利刀毒藥加及我	以利刀毒藥加及於我	以利刀毒藥加及於我
371b11	各現過去	各見過去	各見過去
371b15	從本已來	從本以來	從本以來
372a9	住彼獻佛	往彼獻佛	往彼獻佛
373b16	招得來生不如意	招得來生不如意	原註 當來或作來生
374a16	如舌不自了	如舌不自味	如舌不自味
374b4	常在不昧	常在三昧	常在三昧
375b7-8	名隨緣起而得名	各隨緣起而得名	各隨緣起而得名
377a16	而着無見	而着其無見	而着其無見
377a17	便擬疑心歛念	便疑疑心歛念	'疑心'은 '凝心'의 오자인 듯함.
377a17	接事歸空	攝事歸空	攝事歸空
377a17	便擬疑心歛念	便擬凝心歛念	便擬凝心歛念
377a17	接事歸空	攝事歸空	攝事歸空
377a17	閑目藏睛	閉目藏睛	閉目藏睛
377a18	卽便遏擦	卽便遏捺	卽便遏捺
378a13	直須者些子眼睛	直須着些子眼睛	直須着些子眼睛
378a16	莫然不成辦	莫愁不成辦	莫愁不成辦
378b2	乘鏌鋣之刃	秉鏌鋣之刃	秉鏌鋣之刃
378b4	中金剛爲猛燄	以金剛爲猛燄	以金剛爲猛燄
378b9	摧萬物	能摧萬物	能摧萬物
379a11	龍象蹴踏之所	龍象蹴踏之所	龍象蹴踏之所
379b1	汝不是患音	汝不是患盲	汝不是患盲

만속장경 출처 (쪽수·단수·행수)	만속장경본	선종전서본	본서에 채택한 내용
380b4	從西去	舟從西去	舟從西去
380b16	我性同共如來令也	我性同共如來合也	我性同共如來合也
381a17	消我億劫顚倒想	超我億劫顚倒想	超我億劫顚倒想
381b2	三祇劫也	三阿僧祇也	三阿僧祇也
382b16	淸淨覺知	淸淨覺地	淸淨覺地
383a3	於是二十間	於是二中間	於是二中間
383a9	乃至西竺諸佛祖	乃至西竺諸祖	乃至西竺諸祖
383a10-11	巧便施說種種法門	巧便施設種種法門	巧便施設種種法門
383a13	道告吾神	道吾樂神	道吾樂神
384a7	明明佛勅曹溪是	明明佛勅曹溪是	明明佛勅曹溪是
384a11	而引弘大事	而弘大事	而弘大事
384b18	歷江海 入此土	法東流 入此土	法東流 入此土
385a7	日下可怜雙象馬	日下可憐雙象馬	日下可憐雙象馬
385a14	排不知也	非不知也	非不知也
385b6	後當魏	當後魏	當後魏
385b9	未卜知音	未有知音	未有知音
386a1	心法雙立性卽眞	心法雙忘性卽眞	心法雙忘性卽眞
386a10	便不傳衣	更不傳衣	更不傳衣
388b7	師子喩大乘菩薩也	獅子喩大乘菩薩也	獅子喩大乘菩薩也
389a2	是故能所二非一也	是故能所二非二也	是故能所二非二也
389a12	聖人備下文言	聖人備下之言	聖人備下之言
390a5	聽集天台智者	聽習天台智者	聽習天台智者
390a6	大明經論然後	次明經論然後	次明經論然後

만속장경 출처 (쪽수·단수·행수)	만속장경본	선종전서본	본서에 채택한 내용
390a17	立令嬪扛作他鄕客	立令嬪枉作他鄕客	立令嬪枉作他鄕客
391a14-15	二人不遇空王記	二人不遇空王說	二人不遇空王說
391b7	執指爲月扛施功	執指爲月枉施功	執指爲月枉施功
391b11-12	則是扛施其功行也	則是枉施其功行也	則是枉施其功行也
391b15	不見一法則如來	不見一法卽如來	不見一法卽如來
392b1	忽見盧醫鶌鵲醫王	忽見盧醫鶌鵲醫王	忽見魯醫鶌鵲醫王
392b2	特擧姪敎之相	特擧姪殺之相	特擧姪殺之相
392b6	秪如欲界無禪	秪知欲界無禪	秪知欲界無禪
392b16	至于今	已至于今	已至于今
392b18	深嗟憒憧頑皮靼	深嗟懞憧頑皮靼	深嗟懞憧頑皮靼
393a14	各犯法王	各犯王法	各犯王法
394a4	心得決然	心得快然	心得快然
394a18	皆須起慙愧之心也	皆須起慙愧之心	皆須起慙愧之心
394b6	其所有買種種花香	其所買種種香花	其所買種種香花
394b16	唯食暖內	唯食暖肉	唯食暖肉
395b15	盡十方世界	盡十方虛空	盡十方虛空
395b17	知見乃衆生	知覺乃衆生	知覺乃衆生
396b2	蒙駕崢嶸謾進途	象駕崢嶸謾進途	象駕崢嶸謾進途
396b2	誰見螗蜋能拒轍	誰見螗螂能拒轍	誰見螗螂能拒轍
396b6	此是螳螂蟲也	此是螳螂也	此是螳螂也
396b9	時諸小聖	時諸小乘	時諸小乘
397a2	卒難銘模	卒難湊泊	卒難湊泊

부록

역대불조 전법게
歷代佛祖 傳法偈

비바시불 (장엄겁 제998존)
毘婆尸佛 (莊嚴劫 第九百九十八尊)

身從無相中受生　猶如幻出諸形象
幻人心識本來無　罪福皆空無所住

몸이 형상 없는 데서 태어나니,
마치 환술로 모든 형상을 만들어 내는 것과 같다.
환술로 만들어진 사람은 마음과 뜻 본래 없으니,
죄와 복도 다 공하여 머무른 곳 없다.

시기불 (장엄겁 제999존)
尸棄佛 (莊嚴劫 第九百九十九尊)

起諸善法本是幻 造諸惡業亦是幻
身如聚沫心如風 幻出無根無實性

착한 법 짓는 것 본래가 허깨비요,
악한 업 짓는 것 역시 허깨비이다.
몸은 거품과 같고 마음은 바람과 같아,
허깨비에서 나온 것 뿌리도 참 성품도 없다.

비사부불 (장엄겁 제1000존)
毘舍浮佛 (莊嚴劫 第一千尊)

假借四大以爲身 心本無生因境有
前境若無心亦無 罪福如幻起亦滅

사대(四大)를 빌려 몸이라 여기고,
마음은 본래 없으나 경계를 따라 생긴다.
경계가 없어지면 마음도 없어지니,
죄와 복은 허깨비처럼 생기기도 하고 없어지기도 한다.

구류손불 (현겁 제1존)
拘留孫佛 (賢劫 第一尊)

見身無實是佛身　了心如幻是佛心(幻)
了得身心本性空　斯人與佛何殊別

몸이 실체가 없음을 보면 그것이 부처 몸이요,
마음이 허깨비와 같음을 알면 그것이 부처 마음이다.
몸과 마음의 본 성품이 공함을 알면,
그 사람이 부처와 무엇이 다르랴.

구나함모니불 (현겁 제2존)
拘那含牟尼佛 (賢劫 第二尊)

佛不見身知是佛　若實有知別無佛
智者能知罪性空　坦然不怖於生死

부처는 몸을 볼 수 없고 아는 것이 곧 부처니,
진실로 앎이 있다면 따로 부처가 없다.
지혜로운 이는 죄의 성품이 공함을 알아서,
태연하게 생과 사를 두려워하지 않는다.

가섭불 (현겁 제3존)
迦葉佛 (賢劫 第三尊)

一切衆生性淸淨 從本無生無可滅
卽此身心是幻生 幻化之中無罪福

모든 중생의 성품은 청정하여서,
본래부터 나거나 멸함이 없다.
그러한 몸과 마음, 환술에서 났으니,
환술의 변화 속에 죄와 복이 없다.

석가모니불 (현겁 제4존)
釋迦牟尼佛 (賢劫 第四尊)

法本法無法 無法法亦法
今付無法時 法法何曾法

법은 본래 법이므로 법이 없나니
법이 없다는 법도 역시 법이다.
이제 법마저 없음을 전할 때에
법과 법이 어찌 일찍이 법이겠는가.

제1조 마하가섭
第一祖 摩訶迦葉

法法本來法 無法無非法
何於一法中 有法有不法

법이라는 법의 본래 법은,
법도 없고 법이 아닌 것도 없다.
어찌 한 법 가운데,
법과 법 아닌 것이 있으랴.

제2조 아난
第二祖 阿難

本來付有法 付了言無法
各各須自悟 悟了無無法

본래 법 있음을 전해 주지만
전한 뒤에는 법 없음이라고 한다.
각자 스스로 깨달아야 하나니,
깨달으면 법 없음도 없다.

제3조 상나화수
第三祖 商那和修

非法亦非心 無心亦無法
說是心法時 是法非心法

법도 아니고 마음도 아니며,
마음도 없고 법도 없다.
이 마음과 법을 말할 때,
이 법은 마음도 법도 아니다.

제4조 우바국다
第四祖 優波鞠多

心自本來心 本心非有法
有法有本心 非心非本法

마음은 본래의 마음이니,
본래의 마음은 법이 있는 것이 아니다.
법이 있고 본래의 마음이 있다면,
마음도 아니요 본래의 법도 아니다.

제5조 제다가
第五祖　提多迦

通達本法心　無法無非法
悟了同未悟　無心亦無法

본래의 법과 마음을 통달하면,
법도 없고 법 아닌 것도 없다.
깨달으면 깨닫기 전과 같나니,
마음도 없고 법도 없다.

제6조 미차가
第六祖　彌遮迦

無心無可得　說得不名法
若了心非心　始解心心法

마음도 없고 얻을 것도 없나니,
말하면 법이라 하지 못한다.
마음이 마음 아닌 줄 알면,
비로소 마음과 마음의 법 알리라.

제7조 바수밀
第七祖 婆須蜜

心同虛空界 示等虛空法
證得虛空時 無是無非法

마음은 허공과 같아,
허공과 같은 법을 보인다.
허공을 증득할 때에,
옳은 법도 그른 법도 없다.

제8조 불타난제
第八祖 佛陀難提

虛空無內外 心法亦如此
若了虛空故 是達眞如理

허공은 안과 밖이 없나니,
마음의 법도 그러하다.
만일 허공의 까닭을 알면,
이것이 진여의 이치를 아는 것이다.

제9조 복타밀다
第九祖 伏馱蜜多

眞理本無名 因名顯眞理
受得眞實法 非眞亦非僞

진리는 본래 이름이 없으나,
이름에 의하여 진리를 나타낸다.
진실한 법을 받아 얻으면,
참도 아니요 거짓도 아니다.

제10조 협존자
第十祖 脇尊者

眞體自然眞 因眞說有理
領得眞眞法 無行亦無止

참된 본체는 자연히 참되니,
참됨에 인하여 진리를 말한다.
참으로 참된 법을 깨달으면,
행할 것도 없고 그칠 것도 없다.

제11조 부나야사
第十一祖　富那夜奢

迷悟如隱顯　明暗不相離
今付隱顯法　非一亦非二

미혹과 깨달음은 숨음과 드러남과 같아,
밝음과 어두움은 서로 여의지 않는다.
이제 숨음과 드러남의 법을 전하노니,
하나도 아니요 둘도 아니다.

제12조 마명대사
第十二祖　馬鳴大士

隱顯卽本法　明暗元不二
今付悟了法　非取亦非離

숨거나 드러남이 본래 법이요,
밝음과 어두움은 원래 둘이 아니다.
이제 깨달은 법을 전하노니,
취함도 아니요 여읨도 아니다.

제13조 가비마라
第十三祖 迦毘摩羅

非隱非顯法　說是眞實際

悟此隱顯法　非愚亦非智

숨지도 않고 드러나지도 않은 법은,
진실한 실제를 말하는 것이다.
이 숨음과 드러남의 법을 깨달으면,
어리석지도 않고 지혜롭지도 않다.

제14조 용수존자
第十四祖　龍樹尊者

爲明隱顯法　方說解脫理

於法心不證　無瞋亦無喜

숨음과 드러난 법을 밝히기 위하여,
바야흐로 해탈의 이치를 말하거니와
법을 마음에 증득함이 없으면,
성낼 것도 없고 기뻐할 것도 없다.

제15조 가나제바
第十五祖 迦那提婆

本對傳法人 爲說解脫理
於法實無證 無終亦無始

본래 법을 전해 받는 사람을 대하여,
해탈의 이치를 말하나
법에는 실제로 증득함이 없다면,
끝도 없고 시작도 없다.

제16조 라후라다
第十六祖 羅睺羅多

於法實無證 不取亦不離
法非有無相 內外云何起

법에 실제로 증득함이 없으면,
취하지도 않고 여의지도 않는다.
법은 형상이 있거나 없는 것이 아니거늘,
안과 밖이 어찌 일어나리오.

제17조 승가난제
第十七祖　僧伽難提

心地本無生　因地從緣起
緣種不相妨　華果亦復爾

마음의 땅에는 나는 것 본래 없으나,
인지에는 인연을 따라서 일어난다.
인연과 종자가 서로 방해되지 않으니,
꽃과 열매도 또한 그러하다.

제18조 가야사다
第十八祖　伽耶舍多

有種有心地　因緣能發萌
於緣不相礙　當生生不生

종자도 있고 마음의 땅도 있으면,
인연으로 싹이 솟아난다.
연에 서로 장애하지 않으니,
나게 되면 나지만 나는 것이 아니다.

제19조 구마라다
第十九祖 鳩摩羅多

性上本無生 爲對求人說
於法旣無得 何懷決不決

성품에는 본래 남이 없지만,
구하는 사람을 대하여 말한다.
법에 이미 얻은 것이 없는데,
어찌 해결하고 해결하지 못함을 염려하랴.

제20조 사야다
第二十祖 闍夜多

言下合無生 同於法界性
若能如是解 通達事理竟

말이 떨어지자 무생에 계합하면,
법계의 성품과 같게 된다.
만일 이와 같이 이해하면,
현실과 진리를 통달해 마치리라.

제21조 바수반두
第二十一祖 婆修盤頭

泡幻同無礙 如何不了悟

達法在其中 非今亦非古

거품과 허깨비는 모두 걸림이 없거늘,
어찌 깨닫지 못하는가.
법이 거기에 있음을 깨달으면,
지금도 아니고 옛도 아니다.

제22조 마나라
第二十二祖 摩拏羅

心隨萬境轉 轉處實能幽

隨流認得性 無喜復無憂

마음이 온갖 경계를 따라 바뀌나,
바뀌는 곳마다 모두가 그윽하다.
흐름을 따라서 성품을 깨달으면,
기쁨도 없고 근심도 없다.

제23조 학륵나
第二十三祖 鶴勒那

認得心性時 可說不思議
了了無可得 得時不說知

마음의 성품을 바로 알 때에,
부사의하다고 말할 수 있으나
깨닫고 나면 얻을 것 없으니,
얻었을 때는 안다고 말하지 않는다.

제24조 사자존자
第二十四祖 師子尊者

正說知見時 知見俱是心
當心卽知見 知見卽于今

바로 지견을 말할 때,
지견이 모두 마음이라.
이 마음이 바로 지견이고,
지견이 바로 지금이다.

제25조 바사사다
第二十五祖　婆舍斯多

聖人說知見　當境無是非
我今悟眞性　無道亦無理

성인이 지견을 말하나,
경계를 당해서는 옳음도 그름도 없다.
내 지금 참된 성품을 깨달음이여,
도도 없고 또한 이치도 없도다.

제26조 불여밀다
第二十六祖　不如蜜多

眞性心地藏　無頭亦無尾
應緣而化物　方便呼爲智

참된 성품 마음 땅의 창고는,
머리도 없고 꼬리도 없다.
인연에 따라 중생을 교화하니,
방편으로 지혜라고 부른다.

제27조 반야다라
第二十七祖 般若多羅

　　心地生諸種 因事復生理

　　果滿菩提圓 華開世界起

마음의 땅에 모든 종자가 생기고,
현상을 인하여 다시 진리가 난다.
과위가 차면 깨달음이 원만해지고,
꽃이 피니 세계가 일어난다.

제28조 보리달마
第二十八祖 菩提達磨

　　吾本來茲土 傳法救迷情

　　一華開五葉 結果自然成

내가 본래 이 땅에 온 것은,
법을 전해 어리석은 중생을 제도하려는 것이다.
한 송이 꽃에 다섯 잎이 피니
열매 맺음 자연히 이루어지리라.

제29조 혜가대사
第二十九祖 慧可大師

本來緣有地 因地種華生

本來無有種 華亦不曾生

본래부터 마음 땅이 있었기에,
그 땅에 씨를 심어 꽃이 피나
본래 종자도 있는 것 아니며,
꽃도 나는 것 아니다.

제30조 승찬대사
第三十祖 僧璨大師

華種雖因地 從地種華生

若無人下種 華地盡無生

꽃과 종자는 땅에 의하고,
땅에 의하여 종자와 꽃이 나지만
만약 종자를 뿌리는 사람이 없으면,
꽃도 땅도 나지 않는다.

제31조 도신대사
第三十一祖 道信大師

華種有生性 因地華生生

大緣與信合 當生生不生

꽃과 종자는 나는 성품이 있나니,
땅에 의지하여 꽃은 나고 또 난다.
큰 인연이 믿음과 합하면,
나지만 이 남은 나지 않는 것이다.

제32조 홍인대사
第三十二祖 弘忍大師

有情來下種 因地果還生

無情旣無種 無性亦無生

유정이 씨를 뿌리니,
인지에서 결과가 나지만
무정은 종자가 없으므로,
성품도 없고 남도 없다.

제33조 혜능대사
第三十三祖 慧能大師

心地含諸種 普雨悉皆生

頓悟華情已 菩提果自成

마음 땅에 여러 종자를 갖고 있으니,
두루 내리는 비에 모두 다 싹튼다.
꽃의 뜻 단번에 깨닫고 나면,
깨달음의 열매가 자연히 이루어진다.

깨달음의 노래
증도가언기주(證道歌 彥琪註)

현토역주　제월통광
2008년 8월 10일 초판 1쇄
2008년 8월 15일 초판 발행

펴낸이　박상근(至弘)
주간　류지호
책임편집　사기순
본문디자인　선연
제작　김명환
홍보마케팅　허성국
관리　윤애경

펴낸 곳　불광출판사
　　　　　138-844 서울시 송파구 석촌동 165-14 진양빌딩 2층
대표전화　02) 420-3200
편집부　02) 420-3300
팩시밀리　02) 420-3400

출판등록 제1-183호(1979. 10. 10)

ISBN 978-89-7479-167-4 03220
값 20,000원

독자의 의견을 기다립니다.
http://www.bulkwang.org

잘못된 책은 바꾸어 드립니다.

불광출판사는 '불서(佛書)와의 만남이 부처님과의 만남'이라는 신념으로 책을 펴냅니다. 부처님의 빛으로 우리에게 본래 깃든 부처의 씨앗을 싹틔우는 책을 출판, 개개인의 성장을 돕고 이웃을 밝히고 사회를 밝혀 모두가 행복한 세상을 일구는 주춧돌이 되고자 합니다.